Petra Altmann · Anselm Grün
Alles hat seine Stunde – Vom Geschenk der Zeit

© Verlag Herder GmbH, Freiburg im Breisgau 2022
Alle Rechte vorbehalten
www.herder.de

Umschlag-, Innengestaltung und Satz: Gestaltungssaal, Sabine Hanel, Rohrdorf
Covermotiv: © avphotosales/shutterstock.com, Innenteil: © Fotolia: Blumenkind (S. 53), Devilkae (S. 95), doris oberfranklist (S. 59), Gudellaphoto (S. 119), Javi Martin (S. 115), muravin (S. 35), Petair (S. 41), VRD (S. 105); © iStock: DeltaOFF (S. 67), terra24 (S. 27), FooTToo (S. 23), RyersonClark (S. 33); © shutterstock.com: aerogondo2 (S. 49), Alessandro Cancian (S. 61), AlessandroZocc (S. 111), Alewtincka (S. 125), Allan Wood Photography (S. 69), AlviseZiche (S. 75), amenic181 (S. 57), andreiuc88 (S. 73), Andrew Mayovskyy (S. 55), Antonio_Guillem (S. 81), Balate Dorin (S. 19), canadastock (S. 39), Cdrin (S. 21), Connel (S. 103), costall (S. 83), Curioso.Photography (S. 99), Eilir Davies hughes (S. 45), Everst (S. 79), Fotohunter (S. 121), Galina Zhigalova (S. 87), Galyna_Andrushko (S. 71), H_Ko (S. 15), HixnHix (S. 89), Jelena990 (S. 17), Karamysh (S. 91), kevin brine (S. 31), Lu Mikhaylova (S. 113), M. Pellinni (S. 51), OPIS Zagreb (S. 77), Patrick Foto (S. 65), PAVELV1 (S. 123), Piotr Krzeslak (S. 93), portumen (S. 85), Six Dun (S. 101), Sunchai (S. 117), Sunny Forest (S. 109), svetlana kortusova (S. 63), Tajuano (S. 37), Tohuwabohu1976 (S. 29), Veran36 (S. 47), vichie81 (S. 25), Xavier_Fargas (S. 97), yanikap (S. 43), Icons: © shutterstock.com: Frenggo, GzP_Design, Icon café

Herstellung: Graspo CZ, Zlín
Printed in the Czech Republic

Gedruckt auf umweltfreundlichem, chlorfrei gebleichtem Papier

ISBN 978-3-451-03351-3

Petra Altmann · Anselm Grün

Alles hat seine
Stunde

Vom Geschenk der Zeit

HERDER

FREIBURG · BASEL · WIEN

Inhalt

Vorwort

Die Bedeutung der Zeit

Sich Zeit nehmen

Achtsamer Umgang mit der Zeit

Die Zeit schätzen

Die Zeit nutzen

Die Zeit als Geschenk erkennen

Was die Zeit uns bringt

Die Zeit genießen

Vorwort

Wenn wir an Zeit denken, kommt uns nicht sogleich das Bild vom Geschenk der Zeit in den Sinn. Viele beklagen, dass sie keine Zeit haben, dass die Zeiger der Uhr sich immer schneller drehen, dass sie sich vom Zeitdruck bedrängt fühlen. In der Pandemie haben viele Menschen die Erfahrung gemacht, dass die Zeit scheinbar nicht vergehen wollte. Ohne Ablenkung von außen wussten sie nichts mit sich anzufangen und haben diese Zeit als verloren betrachtet.

Das vorliegende Buch möchte Sie, liebe Leserin, lieber Leser, dazu einladen, die Zeit, die jedem von uns gegeben ist, als geschenkte Zeit zu erleben. Doch wie soll das gehen?

Die erste Predigt Jesu beginnt mit den Worten: „Die Zeit ist erfüllt, das Reich Gottes ist nahe." (Mk 1,15) Die angenehme Zeit ist die Zeit, in der ich als gläubiger Mensch Gott begegne, in der das Reich Gottes in mir ist.

Die Mystiker – z. B. Meister Eckhart – haben die erfüllte Zeit, von der Jesus spricht, so verstanden, dass Zeit und Ewigkeit zusammenfallen. Es ist die Zeit, die von Gott erfüllt ist.

Für uns Christen hat die Zeit eine andere Qualität bekommen, da Gott selbst in Jesus in unsere Zeit gekommen ist. Die Zeit ist jetzt nicht mehr das knappe Gut, das wir möglichst effektiv ausnutzen müssen, sondern der Augenblick, in dem wir eins werden können mit Gott. Manchmal können wir mitten in der Zeit schon so einen Augenblick erfahren, in dem wir ganz präsent sind, reine Gegenwart. Wir denken nicht an den nächsten Augenblick. Wir kommentieren diesen Augenblick nicht. Wir stehen nicht unter dem Druck, uns rechtfertigen zu müssen, dass wir uns jetzt Zeit nehmen. Wir sind einfach da. Dieses reine Sein atmet etwas von Zeit und Ewigkeit.

In der frühen Kirche war es vor allem der heilige Augustinus, der sich viele Gedanken über die Zeit gemacht hat. Und er beschreibt da durchaus unser heutiges Zeitgefühl, indem er sagte: „In dieser Welt aber rollen die Tage dahin, die einen gehen, die anderen kommen, keiner bleibt. Auch die Augenblicke, da wir reden, verdrängen einander, und es bleibt die erste Silbe nicht stehen, damit die zweite erklingen kann. Seitdem wir reden, sind wir etwas älter geworden, und ohne Zweifel bin ich jetzt älter als heute Morgen. So steht nichts still, nichts bleibt fest in der Zeit. Darum müssen wir den, durch den die Zeiten geworden sind, lieben, um von der Zeit befreit und in der Ewigkeit befestigt zu werden, wo es keine Veränderlichkeit der Zeit mehr gibt."

In diesem Text zeigt uns Augustinus, wie wir die Zeit als Geschenk erfahren dürfen. Man spürt in sich die Sehnsucht, ganz im Augenblick zu sein. Wenn ich mit meiner Sehnsucht in Berührung bin, dann fühle ich mich der Zeit gegenüber frei. Ich bin nicht mehr Sklave der vielen Termine, die ich zwar nach wie vor habe. Aber in mir ist etwas, was all diese Zeitvorgaben relativiert. In mir ist etwas, was durch den Termindruck von außen nicht beeinträchtigt oder berührt werden kann.

Ein anderer Weg, mitten in der Zeit Ewigkeit zu erfahren, führt mich in den inneren Raum der Stille. Die Mystiker sagen uns, dass in jedem von uns ein Ort ist, in dem es ganz still ist und in dem kein Mensch über uns zu herrschen vermag. In diesem inneren Raum der Stille hat auch die Zeit keine Macht über uns. Da erleben wir einen zeitlosen Raum, einen Raum, in dem wir aufatmen können. Hier bin ich frei von Sorgen und Grübeleien. Da mache ich mir über die Zeit keine Gedanken. Ich bin einfach im Augenblick.

Eine andere Möglichkeit, die Zeit als geschenkte Zeit zu erfahren, ist, sich frei zu machen vom eigenen Ego. Das Ego will immer etwas. Es macht uns unruhig. In der Kontemplation oder auch in der Meditation üben wir dagegen eine Haltung ein, in der wir uns selbst und das, was wir tun, nicht bewerten oder beurteilen. Wir vergessen uns selbst, weil wir ganz und gar berührt sind von etwas Größerem. Jeder kennt diese Erfahrung: Wenn ich fasziniert bin von einem schönen Sonnenuntergang, dann bin ich ganz im Schauen. Und ich vergesse mich selbst dabei. Aber gerade dadurch bin ich ganz präsent. Sich selbst vergessen heißt: alle Kommentare loszulassen, auch mal die Frage loszulassen: Wie fühle ich mich jetzt? Was macht das nun mit mir? Heute gibt es ja eine regelrechte Sucht, alle spirituellen Erfahrungen sofort zu kommentieren. Das eigentliche Erlebnis ist: frei zu sein von allen Kommentaren, frei zu sein von der Herrschaft des Ego, das sogar noch die Spiritualität benutzen möchte, um mit besonderen Erfahrungen punkten zu können. Reine Gegenwart ist immer Freisein vom eigenen Ego.

Das Geschenk der Zeit hängt also mit der Fähigkeit zusammen, einfach nur da zu sein, das reine Sein zu genießen. Ich sitze dann da und schaue. Entweder schaue ich mein Zimmer an und genieße den Frieden, der davon ausgeht. Oder ich sitze auf einer Bank und betrachte die Landschaft. Dann fühle ich mich geborgen. Ich gehöre genauso zu dieser Landschaft wie die Wiese und der Wald. Ich bin Teil der Schöpfung. Im Schauen vergesse ich mich selbst. Dann nutze ich die Zeit, nachzudenken über diese Erfahrung. Während der langen Monate der Lockdowns hatte man die Chance, über das eigene Dasein nachzudenken. Und konnte spüren: Als Teil der Schöpfung, die mich umgibt, habe ich auch Teil am Rhythmus der Natur. In der Natur herrscht das Gesetz von Werden und Vergehen. Ich bin geworden. Aber ich vergehe auch. Ich gehe auf das

Sterben zu. Aber wenn ich mich mitten in der Natur geborgen fühle, verliert der Gedanke an das Sterben jeden Schrecken. Manchmal dauert ein Termin kürzer als geplant. Oder man ist unterwegs zu einer Veranstaltung und die Fahrt verläuft ohne Stau. So kommt man eine Stunde früher an und hat auf einmal Zeit übrig. Diese Zeit erlebt man dann als Geschenk. In dieser Situation kann man es einfach genießen, allein im Zimmer zu sitzen und Zeit für sich zu haben. Man muss nichts erledigen. Jeder von uns macht solche Erfahrungen, dass uns trotz aller Anforderungen von außen immer wieder auch Zeit geschenkt wird. Wir sollten diese nutzen, aber nicht in dem Sinn, dass wir jetzt noch schnell etwas erledigen, noch mal aufs Smartphone sehen, ob irgendwelche Nachrichten da sind. Nein, wir sollten diese Zeit als Geschenk annehmen. Ich brauche jetzt gar nichts zu tun. Dieses Gefühl tut gut: Ich habe Zeit, die jetzt allein mir gehört, ich brauche nichts zu erledigen, an nichts zu denken. Ich bin einfach nur da.

Auch ein Ritual kann Zeit schenken. Rituale schaffen eine heilige Zeit, so sagten die Griechen. Heilig ist, was der Welt entzogen ist, worüber die Welt keine Macht hat. Die heilige Zeit gehört mir. Darüber kann niemand verfügen. Die heilige Zeit des Rituals ist immer auch eine heilsame Zeit für mich. Wenn ich jeden Morgen mit einem Ritual beginne und jeden Abend mit einem Ritual beschließe, dann erlebe ich täglich eine heilige Zeit. Und diese heilige Zeit am Abend und am Morgen wird auch die übrige Zeit des Tages verwandeln. Wenn ich jeden Tag eine heilige Zeit allein für mich habe, dann kann

ich mich auch auf die Termine einlassen, die von außen auf mich einströmen. Aber sie entfremden mich nicht von mir selbst. Es gibt etwas Heiliges in mir, über das die Welt nicht verfügen kann.

Es ist ein Paradox: Firmen, die sich dem Diktat des Chronometers unterwerfen und deswegen Rituale abgeschafft haben, weil sie ja Zeit kosten, sind weniger erfolgreich als Firmen, die gute Rituale pflegen. Denn Rituale schaffen mitten in den Anforderungen der Arbeitswelt Freiräume, in denen die Menschen aufatmen können. Dann können sie sich mit neuer Energie ihrer Arbeit widmen. Manche Unternehmen haben die Zeit der Pandemie genutzt, um Online-Rituale einzuführen, mit deren Hilfe sich die Mitarbeiter nicht aus den Augen verloren und miteinander in Verbindung bleiben konnten. Beispielsweise den virtuellen Morgentreff oder den gemeinsamen Abendtrunk. Rituale vertiefen Beziehungen, denn sie schaffen einen Ort, an dem Gefühle geäußert werden können, die sonst nicht zum Ausdruck kommen. Und wenn die Beziehungen stimmen, dann erleben wir die Zeit, die wir miteinander verbringen, auch als geschenkte Zeit. Wir freuen uns über die Begegnungen mit den anderen, über die Zusammenarbeit. Wenn ich in die Arbeit gehe mit dem Gefühl, in einen Raubtierkäfig zu gehen, dann werde ich die Zeit als etwas Grausames erleben. Ich muss die Zeit überstehen oder dort, wo die Arbeit sinnlos ist, die Zeit absitzen. Ich erlebe sie nicht als angenehme, als geschenkte Zeit.

Welche Qualität die einzelnen Stunden für uns haben, liegt daran, wie wir die Zeit erleben. Es braucht die Haltung der Achtsamkeit, die Haltung der Kontemplation, aber auch die Haltung des Wohlwollens den Menschen gegenüber, mit denen ich meine Zeit verbringe. Und ich muss dieser Zeit einen Sinn zuschreiben, damit ich sie als geschenkte Zeit erlebe. Eine sinnlos verbrachte Zeit kann zur Qual werden. Ich kann meine Zeit zur sinnvollen Arbeit nutzen, zum sinnvollen Gespräch, zu einer Begegnung, die mich berührt und verwandelt. Oder ich kann der Zeit einen Sinn geben, indem ich einfach nur da bin und den Augenblick genieße.

Es gibt eine gute Übung, mitten im Alltag zu spüren, wie die Zeit vergeht, wie alte verbrauchte Zeit vorübergeht. Und dann wahrzunehmen, wie unverbrauchte neue Zeit entsteht. Zeit, die noch nicht von

Ärger oder Enttäuschung geprägt ist, die rein ist und unbefleckt und die den Reiz des Neuen, Unberührten in sich birgt. Ich setze mich hin und spüre, wie die Zeit vergeht, wie Sekunde um Sekunde verstreicht. Und ich kann mit der Zeit Vergangenes loslassen. Und dann nehme ich die neue Zeit wahr, die jeden Moment entsteht, die auch die Chance eines Neuanfangs bietet, nicht festgelegt durch die Vergangenheit. Dann erlebe ich jeden Augenblick als ein Geschenk. Dieses Buch möchte Ihnen zahlreiche Anregungen geben, wie Sie die Zeit sinnvoll für sich nutzen und als Geschenk annehmen können.

In diesem Band haben wir für Sie zahlreiche Impulse, Übungen und Meditationen beschrieben, die wir durch Symbole gekennzeichnet haben.

Die Sonne ☀ steht für einen Impuls,

der Stift ✎ für eine Übung

und die Lotusblüte ⚘ für eine Meditation.

Wichtig war uns vor allem eines: Ihnen zahlreiche Anregungen zu geben, wie Sie die Zeit sinnvoll für sich nutzen und als Geschenk annehmen können.

Petra Altmann
Anselm Grün

Das Unfassbare fassbar machen: Was ist Zeit?

Zeit ist ein Begriff, den wir ständig benutzen. Manchmal ist es so, dass wir zu viel Zeit haben, häufig aber fehlt sie uns für gewisse Vorhaben oder sie reicht nicht aus. Manchmal stehlen wir uns sogar Zeit, hin und wieder verschenken wir sie. Gelegentlich rennen wir der Zeit hinterher, dann vertreiben wir sie uns. Der Redewendungen gibt es viele, sehr oft führen wir den Begriff Zeit im Mund. Doch was bedeutet Zeit eigentlich? Es ist nicht ganz einfach, eine konkrete Beschreibung für diesen abstrakten Begriff zu finden. Zeit kann man umschreiben als Ablauf von Ereignissen. Doch das ist eigentlich eine zu eng gefasste Definition.

Zeit ist etwas Fließendes und Unwiederbringliches, sie lässt sich nicht anhalten oder zurückdrehen. Zeit ist die Grundlage unseres Lebens, jeder von uns hat seine Lebenszeit. Deshalb ist sie für uns enorm wertvoll. Die Zeit eröffnet uns Chancen und gibt uns Gestaltungsmöglichkeiten. Daher ist sie ein großes Geschenk für jeden Einzelnen. Wenn wir uns dies immer wieder einmal vor Augen halten, wird uns klar, wie kostbar die Zeit für uns ist. Zu wertvoll, um sie zu missachten. Zu bedeutsam, um sie zu vergeuden.

„Immer habe ich den Wunsch,
Zeit zum Lesen zu haben."

TERESA VON ÁVILA

Jeder hat eine andere Zeitvorstellung

Europäische Ordensleute, die in Afrika als Missionare arbeiten, erzählen oft von der unterschiedlichen Zeitvorstellung, die auf dem jeweiligen Kontinent vorherrschend ist. Speziell im deutschen Sprachraum soll alles pünktlich vonstattengehen. Wenn wir einen Termin vereinbaren, dann sollen alle auf die Minute erscheinen. Pünktlichkeit – so sagt ein Sprichwort – ist die Höflichkeit der Könige. Ich lasse den anderen nicht warten.

Wenn in Afrika ein Termin ausgemacht wird, ist zur vereinbarten Uhrzeit kaum jemand da. Im Laufe der Zeit kommen aber dann doch alle zusammen. Und keiner ist gehetzt oder ärgert sich. Derjenige, der früher da ist, freut sich über jeden, der ankommt, und tauscht sich schon einmal mit ihm aus. Man scheint alle Zeit der Welt zu haben. In Europa schauen die Menschen stattdessen ungeduldig auf die Uhr, weil sie schon den nächsten Termin vereinbart haben. Es geht nicht darum, die beiden Zeitvorstellungen zu bewerten. Pünktlichkeit hat auch ihre guten Seiten. Aber das Genießen der Zeit, sie weniger wichtig zu nehmen, könnte uns manchmal guttun. Jetzt ist der Augenblick. Jetzt verbringen wir Zeit miteinander. Alles andere ist nicht wichtig.

„Es braucht Menschen, die durch Begegnungen erfahren,
dass Menschen verschiedener Kulturen voneinander lernen können."

PIERRE STUTZ

Zeitgeist – was ist das eigentlich?

Zeitgeist ist Mode. Zeitgeist ist das, was angesagt ist. Doch wer legt fest, was im Trend liegt? Und wer bestimmt, was dem Zeitgeist nicht mehr oder noch nicht entspricht?

Wenn jeder von uns sich nach dem Zeitgeist richten würde, wären wir alle gleich gekleidet, hätten ähnliche Wohnungseinrichtungen, würden die gleiche Literatur lesen und dieselben angesagten Lokale besuchen. Ein ziemlicher Einheitsbrei. Dabei sind wir doch alle Individuen mit ganz persönlichen Ausdrucksmöglichkeiten.

Natürlich ist es wichtig, alte Strukturen neu zu überdenken, Dinge weiterzuentwickeln und zu neuen Ufern aufzubrechen.

Aber dies bedeutet nicht, dass alles, was dem Zeitgeist nicht mehr entspricht, bedeutungslos geworden ist.

Traditionen und bewährte Rituale geben unserem Leben einen Rahmen. Manch einer erinnert sich vielleicht an den Besuch bei der Großmutter, der immer ähnlich ablief. An Familien- oder Freundestreffen, bei denen man lieb gewordene Menschen traf. An Rituale, die an Festtagen eine besondere Rolle spielten. Welche positiven Erinnerungen haben Sie, wenn Sie zurückblicken? Machen Sie einmal eine Gedankenreise in die Vergangenheit und notieren Sie sich, was Ihnen immer wieder besondere Freude bereitet hat. Vielleicht können Sie es wieder aufleben lassen.

„Es ist wert, darüber ehrlich nachzudenken,
wer das Steuer unseres Lebens in der Hand hält."

CHRISTIAN SCHÜTZ

Im täglichen Wettlauf mit der Uhr

Bei vielen Menschen ist der Tag komplett durchgeplant. Im Stunden-, manchmal sogar im Minutentakt müssen Termine abgewickelt und Aufgaben erledigt werden. Der Zeiger der Uhr feuert uns an, möglichst immer mehr Dinge in immer weniger Zeit zu erledigen. Ganz außer Atem sind wir manchmal schon am Morgen, wenn wir uns überlegen, was tagsüber alles zu tun ist. Wir lassen uns von der Zeit unter Druck setzen. Oder sind wir vielleicht manchmal selbst diejenigen, die Druck verursachen?

Sicherlich gibt es notwendige und wichtige Termine, aber genauso notwendig sind auch regelmäßige Pausen. Dies haben viele von uns gerade im Homeoffice erlebt.

Wenn der Arbeitsplatz im privaten Umfeld ist, muss man kategorisch Arbeitszeiten festlegen und akribisch darauf achten, die notwendige Rekreationszeit nicht auch für berufliche Aktivitäten zu nutzen.

Atempausen sind auch während der Arbeitsphasen sehr hilfreich: Beginnen Sie mit wenigen Sekunden des Einatmens und der doppelten Sekundenzahl zum Ausatmen, beispielsweise fünf Sekunden ein- und zehn Sekunden ausatmen. Verlängern Sie diese Phasen nach und nach. Immer tiefer geht der Atem, und immer deutlicher spüren Sie die Entspannung. Konzentrieren Sie sich nur auf den Atemprozess im Rhythmus der Uhr. Diese Zeit gibt Ihnen Raum für sich selbst.

„Bemühe dich um die rechte
    Absicht und das Loslassen.“

TERESA VON ÁVILA

Ein Hamsterrad sieht von innen wie eine Karriereleiter aus

Neue Ziele sind wichtig, und Weiterentwicklung beflügelt uns. Wie motivierend ist es doch, wenn man einen neuen Meilenstein erreicht hat und Zukunftspläne verwirklichen kann. Jedes neue Etappenziel gibt einem Auftrieb, weiterzugehen, die Karriereleiter hinaufzusteigen, um noch höhere Ziele zu erreichen. Leben bedeutet Fortschritt und nicht Stillstand.

Doch manchmal wird das Nach-vorne-Streben zum Selbstzweck. Immer neue Stufen möchte man erklimmen, um Ämter, Titel, Besitztümer anzuhäufen. Man läuft und läuft, ohne innezuhalten und sich die Frage zu stellen, ob das Erreichen der nächsten Stufe wirklich sinnvoll und wichtig ist. Und ohne darüber nachzudenken, wohin der nächste Schritt führen kann. Wir bewegen uns, glauben, die Richtung ginge nach oben, aber die Bewegung führt uns eigentlich nur im Kreis herum wie den kleinen Hamster in seinem Rad. Manchmal kann es ziemlich lange dauern, bis wir feststellen, dass wir uns nur um uns selbst drehen. So ist es hilfreich, in regelmäßigen Abständen einmal zurückzublicken auf die letzte Wegstrecke und sich Notizen zu machen: Was war gut? Wo ist es nicht so positiv gelaufen? Wie soll es weitergehen? Diese Rückschau führt einem sehr rasch vor Augen, wenn man sich im Kreis gedreht hat, und sie ermöglicht Kurskorrekturen für die Zukunft.

„Wenn man seine Ruhe nicht in sich findet,
ist es zwecklos, sie andernorts zu suchen."

FRANÇOIS DE LA ROCHEFOUCAULD

Leben bedeutet nicht, dauernd in Aktion zu sein

In der Nähe eines oberbayerischen Klosters gibt es ein Bahnwärterhäuschen, in dem eine alte Dame wohnt. Das Haus liegt ganz idyllisch am Waldrand mit Blick auf die Voralpenlandschaft. Die alte Dame hat rings um ihr Häuschen einen herrlichen Garten angelegt. In den unterschiedlichen Jahreszeiten erstrahlt er in wechselnder Farbenpracht. Viele Spaziergänger bleiben stehen, um diese herrlichen Blumen zu bewundern. Bei schönem Wetter arbeitet die alte Dame fast immer in ihrem Garten.

Manchmal ergibt sich ein Gespräch mit ihr. Dann erzählt sie mit Freude von ihren Blumen, den geeigneten Standorten und den besten Düngemitteln für ihr Gemüse.

Man spürt, dass der Garten ihr Lebensinhalt ist. Kein Wunder, dass sie dort ständig in Aktion ist.

Manchmal aber sitzt die alte Dame einfach nur auf ihrer Gartenbank an der Hauswand und schaut. Sie betrachtet ihre Blumen liebevoll und achtet nicht auf die vorbeigehenden Wanderer. Ganz bei sich ist sie dann, mit einem Lächeln im Gesicht und verbunden mit der Natur. Sie scheint die Zeit zu vergessen. Auf diese Ruhephasen angesprochen, meinte sie einmal: „Der Garten ist mein Leben. Deshalb gehören die Stunden, in denen ich ihn nur betrachte, zu den schönsten. So kann ich auftanken."

„Ruhe ist für die Seele der Anfang der Reinigung."

BASILIUS DER GROSSE

Multitasking ist nicht immer eine Kunst

In raschem Tempo können wir heute Informationen erhalten und verbreiten. Im digitalen Zeitalter sind wir weltweit vernetzt. Während eines Meetings kann man schnell noch eine WhatsApp-Nachricht verschicken, beim Telefonieren gleichzeitig Mails checken, beim Autofahren schnell noch geschäftliche Gespräche abwickeln. Multitasking ist der Fachbegriff dafür, vieles gleichzeitig zu tun. Frauen wird eine besondere Fähigkeit darin nachgesagt.

Wie oft jonglieren wir mit mehreren Aufgaben gleichzeitig? Manche Menschen haben darin eine besondere Kunstfertigkeit entwickelt und glauben, parallel zahlreiche Anforderungen perfekt erledigen zu können. Bei genauer Betrachtungsweise erkennt man jedoch, dass dies gar nicht möglich ist. Dies belegen auch Studien.

Doch was tun, wenn viele Anforderungen zeitgleich auf einen einströmen? Erst einmal Atem holen und sich hinsetzen. In einigen Minuten des Nachdenkens kann man eine Prioritätenliste erstellen: Was muss zuerst erledigt werden, welche Aufgaben können dann folgen, und was kann warten und später erledigt werden. Wenn Sie Ihre Aufgaben priorisiert haben, ist es wichtig, dem Chef, der Familie oder sonstigen Menschen, die Ansprüche angemeldet haben, klarzumachen, dass sie gegebenenfalls warten müssen. Denn jeder hat mehr davon, wenn Sie sich den einzelnen Aufgaben mit mehr Sorgfalt widmen können.

„Zu viel zu tun ist nicht unbedingt besser,
als zu wenig zu tun."

KONFUZIUS

Besser innehalten, als der Zeit hinterherrennen

Manche rennen von einem Termin zum nächsten, ständig der Zeit hinterher. Sie fühlen sich immer gehetzt. Doch das deutsche Wort „hetzen" kommt von „hassen". Wer ständig gehetzt ist, der hasst sich selbst. Er tut sich selbst keinen Gefallen. Dagegen lädt das Wort „innehalten" ein, einfach mal Halt zu machen und stehen zu bleiben. Dies verhilft uns zu einer wichtigen Erfahrung: Wenn ich innehalte, komme ich in Berührung mit meinem Innern. Ich lebe nicht von außen. Ich lasse mich nicht von außen bestimmen. Und indem ich innehalte, finde ich im Innern Halt. Das gibt mir innere Ruhe und Stabilität. Von diesem inneren Halt aus kann ich mich dann dem zuwenden, was von außen auf mich einströmt. Im Griechischen entspricht dem Innehalten das Wort „schole", das von „echein = innehalten" kommt. Von „schole" kommt unser deutsches Wort „Schule". Eigentlich ist die Schule der Ort, an dem die Schüler lernen sollen, innezuhalten, um im Innern Halt zu finden. Aber es geht nicht nur um die Einrichtung Schule. Offensichtlich braucht es auch eine spirituelle Schule, in der wir lernen, innezuhalten, um vom Innern her das Äußere bewältigen zu können.

„Der Mensch weiß wohl um das Gute,
auch wenn er es nicht tut."

HILDEGARD VON BINGEN

Stillstand ist keine verlorene Zeit

Stau, nichts geht mehr auf der Autobahn. Vollbremsung, die U-Bahn steht im Tunnel und rührt sich nicht. Stopp, die Ampel schaltet auf Rot, nun heißt es warten. Wer kennt nicht die Situationen, in denen man zum Stillstand gezwungen wird und sich darüber aufregt. Doch aller Ärger nutzt in solchen Momenten nichts, in denen wir weder vor noch zurück können. Wut wird uns nicht in Bewegung setzen, sondern vielmehr wertvolle Energie kosten.

Man kann diese Phasen des Stillstands auch positiv nutzen. Dafür gibt es viele Möglichkeiten. Zum Beispiel, indem man den Tag Revue passieren lässt und sich der heiteren Momente erinnert. Schon ist der Ärger nicht mehr so groß. Man kann

Atemübungen machen und sich dabei entspannen. Oder in der erzwungenen Ruhephase über ein Problem nachdenken, mit dem man sich bisher noch nicht beschäftigen konnte. Je nach Situation kann man sich auch an der Natur ringsum erfreuen und darüber seinen Unmut vergessen. So entwickelt man positive Energie und kann der Situation sogar noch etwas Gutes abgewinnen. Äußerer Stillstand bedeutet dann innere Bewegung.

Statt sich über die Ampel zu ärgern, die vermeintlich immer dann auf Rot schaltet, wenn man sich ihr nähert, kann man für die Ampelpause dankbar sein, denn die Rotphase schenkt einem wertvolle Zeit.

„Nicht der Beginn wird belohnt,
sondern einzig und allein das Durchhalten."

KATHARINA VON SIENA

Zeitgefühl

Von der physikalischen Dimension her besteht eine Stunde immer aus 60 Minuten. Aber manchmal vergeht die Zeit wie im Flug. Man glaubt, es seien erst wenige Minuten vergangen, doch schon ist eine Stunde vorbei. Dies passiert uns, wenn die Zeit mit Dingen gefüllt ist, die wir gerne tun. Oder wenn wir Menschen treffen, mit denen wir uns gut verstehen und eine kurzweilige Unterhaltung führen.

In anderen Fällen scheint die Zeit dagegen stillzustehen. Jede Minute kommt uns wie Stunden vor. In Prüfungssituationen beispielsweise, beim gefürchteten Zahnarztbesuch oder bei unangenehmen Zusammenkünften.

Es liegt an uns, wie wir die Zeit wahrnehmen: als beschwerlich oder erfreulich. Wer sich in seinem Zeitgefühl oft täuscht, kann eine kleine Übung machen:

Setzen Sie sich an einen ruhigen Platz, schauen Sie kurz auf die Uhr, schließen Sie die Augen und nehmen Sie sich vor, diese erst wieder nach 60 Sekunden zu öffnen. Atmen Sie ruhig und profund in den Bauchbereich. Lassen Sie die Zeit verstreichen und öffnen Sie die Augen, wenn Sie glauben, die Minute sei vorbei. Der Blick auf die Uhr wird Ihnen zeigen, wie sicher Ihr Zeitgefühl ist. Mit dieser Übung werden Sie allmählich ein Gefühl dafür bekommen, welche Dimension einzelne Zeitabschnitte haben.

„Nichts ist flüchtiger als die Zeit."

PAUL JOSEF NARDINI

Manchmal sinnvoll: die Zeit vergessen

Als Kinder haben wir manchmal die Zeit vergessen. Wir sind in andere Welten abgetaucht und waren in unserer Fantasie Prinzessinnen, Elfen oder starke Ritter. Diese Fantasiewelten waren herrlich. Oder wir tobten mit Freunden herum, kletterten auf Bäume und vergaßen dabei alles um uns herum. Es war ein unbeschreibliches Freiheits- und Glücksgefühl, das manchmal durch die Rufe der Mutter unterbrochen wurde, die nach uns suchte. Das Abendbrot wartete, und wir hatten dies völlig vergessen. Nur widerwillig beendeten wir das Spiel und verabschiedeten uns von den Freunden.

Wenn man Kinder beobachtet, wie sie versonnen im Sand spielen und dabei sich selbst genügen, dann kommt dieses Gefühl wieder hoch, das man früher selbst empfand.

Die Zeit vergessen, sich verlieren in etwas, das einen ganz gefangen nimmt, gibt einem ein Gefühl der Freiheit. Man fühlt sich an keine Zeit gebunden und unabhängig von Verpflichtungen. Viel zu selten erlebt man solche Momente im Erwachsenenleben. Dabei können sie eine fast reinigende Wirkung haben, denn indem wir die Zeit vergessen, vergessen wir auch alles, was uns belastet. Wer sich hin und wieder in schöne Fantasiewelten begibt, sollte in diesen Momenten getrost die Zeit vergessen.

„Wenn die Sonne ihre **Strahlen** verbirgt,
zieht auch die Welt ihre Freude zurück."

HILDEGARD VON BINGEN

Zeit heilt Wunden

Jeder von uns erlebt in seinem Leben Verletzungen. Dies ist unvermeidbar. Verluste, Kränkungen, seelische Schmerzen gehören zu jedem Lebensweg. Kein Mensch bleibt davon verschont. In dieser Beziehung sind wir alle gleich, niemand ist unverwundbar. Aber es liegt an jedem Einzelnen, wie er mit diesen Wunden umgeht.

Ob er damit hadert und sich selbst bemitleidet, anderen die Schuld zuweist oder die Wunden gar verdrängt. Verletzungen können heilen und als Erfahrung fruchtbar gemacht werden für den weiteren Lebensweg. Wichtig ist dabei, die Wunden zu betrachten. Man kann dies gemeinsam mit einem vertrauten Menschen tun, der einen anderen Blickwinkel hat als man selbst. Manchmal ist es auch sinnvoll, sich professionelle Hilfe zu suchen. Wunden kann man im Zwiegespräch auch Gott darreichen. Es gibt zahlreiche Wallfahrtskirchen, in denen Menschen Votivtafeln hinterlassen haben, Symbole des Ablegens ihrer Wunden. Schon die Wallfahrt an sich, das allmähliche Sich-hin-Bewegen zur Kirche, ist Teil des Heilungsprozesses.

All dies benötigt Zeit. Zeit darf und muss verstreichen. Schritt für Schritt kann man so die Wunden in eine wertvolle Lebenserfahrung wandeln, an der man wachsen kann.

„Wenn **dein Herz** leidet oder wandert,
bring es behutsam an seinen Platz zurück."

FRANZ VON SALES

Manches regelt sich mit der Zeit

Im Volksmund gibt es einen Spruch, den wohl jeder kennt: „Ich schlafe mal eine Nacht darüber." Wie viele solcher Lebenserfahrungen, die von Generation zu Generation weitergegeben werden, birgt er sehr viel Lebensweisheit in sich. Wer es einmal ausprobiert hat, kann dies bestätigen. Manchmal gibt es Momente, die spontanen Ärger hervorrufen. Man möchte seinem Unmut am liebsten freien Lauf lassen und sofort aussprechen, was einem in den Sinn kommt. So kann aus einer kleinen Auseinandersetzung ein großer Streit entstehen.

Viel besser ist es, erst einmal tief durchzuatmen, zu schweigen und Zeit verstreichen zu lassen. Am nächsten Tag sieht die Welt schon wieder anders aus, und der Unmut ist möglicherweise kleiner geworden. Vielleicht merkt man auch, dass manches Problem im Grunde nicht mehr bedeutsam ist. Je mehr Zeit darüber vergeht, desto unwichtiger wird es. Nach einer Weile kann man eventuell sogar darüber lächeln, dass man sich aufgeregt hat. So wird ein ärgerlicher Moment zu einem heiteren. Selbst wenn sich der Groll noch nicht ganz aufgelöst haben sollte, so kann man mit der gewonnenen Gelassenheit doch Probleme erheblich besser aus dem Weg räumen. Manches lässt sich mit der Zeit eben wesentlich erfreulicher regeln.

„Keine Erde ist so dürr,
dass sie nicht durch Güte fruchtbar wird."

FRANZ VON SALES

Zeitfenster fürs Nichtstun

Haben Sie schon einmal das Nichtstun geplant? Wahrscheinlich nie oder sehr selten. Es hat sich vermutlich manchmal einfach so ergeben und war ursprünglich gar nicht vorgesehen. Möglicherweise waren Sie aufgrund äußerer Umstände zum Nichtstun „verurteilt". Dabei kann Nichtstun herrlich entspannend sein. Nicht umsonst spricht man vom „süßen Nichtstun".

Gehen Sie doch öfter einmal hinaus, setzen Sie sich auf eine Bank und starren Sie Löcher in die Luft. Einfach so. Schauen Sie in den Himmel und genießen Sie die Weite. Viele Menschen verbringen heutzutage viel zu viel Zeit in Räumen mit niedrigen Decken. Das bedrückt auf Dauer. In den Städten ist der Blick in den Himmel durch hohe Bauten oft beeinträchtigt. Suchen Sie sich daher ein Plätzchen, an dem Sie freien Blick in den Himmel haben.

Wenn Sie das Gefühl beschleicht, von etwas erdrückt zu werden, gibt Ihnen der Blick in die Himmelsweite das Gefühl von Freiheit und Unbelastetsein. Selbst wenn Sie auf eine geschlossene Wolkendecke schauen, ist diese doch ungleich weiter von Ihnen entfernt als Ihre Zimmerdecke. Draußen kann Ihnen die Decke auch nicht auf den Kopf fallen. Das kurze Nichtstun sollte bei Ihnen einen festen Platz im Tagesablauf bekommen. Es hilft Ihnen, zu entspannen und Ihre Batterien aufzuladen.

„Ermutigen wir uns gegenseitig mehr
durch unser Beispiel als durch Worte."

LOUISE DE MARILLAC

Die Zeit totschlagen – schade darum

„Mir war so langweilig, ich musste die Zeit totschlagen", hört man manches Mal, wenn Menschen nichts mit sich anzufangen wissen. „Totschlagen" – ein brutaler Begriff im Zusammenhang mit so etwas Wertvollem wie der Zeit. Als ob sie unser Gegner wäre, mit dem wir einen Kampf auszufechten hätten. Warum nur benutzen wir in unserem Sprachgebrauch diese Redewendung?

Der Fluss der Zeit ist gleichbedeutend mit dem Lebensfluss. Mit der Zeit gleitet auch unser Leben dahin. Wenn wir Zeit „totschlagen", vernichten wir damit also einen Teil unseres Lebens. Von dieser Warte aus betrachtet, ist dies eine traurige, ja sogar schaurige Vorstellung.

Wenn wir uns vor Augen halten, dass jede Sekunde, die achtlos verrinnt, gleichbedeutend ist mit einem Wassertropfen unseres Lebensflusses, der ungenutzt in der Erde versickert, erahnen wir, dass das Flussbett bald ausgetrocknet sein wird. Ohne Leben.

Statt unsere Zeit totzuschlagen, sollten wir sie lieber mit Leben füllen. Mit Dingen, die unser Leben bereichern, sodass Lebensfreude entstehen kann.

„Leidenschaftslos ist nicht der, der die Leidenschaften
nicht spürt, sondern der, der ihnen keinen Raum gewährt."

ISAAK VON STELLA

Zeit ist zu kostbar, um sie zu vergeuden

Zeit ist etwas Kostbares. Und etwas Kostbares will geachtet werden. Wir gehen achtsam mit einer kostbaren Vase um. Genauso achtsam sollten wir mit dem Gut der Zeit umgehen. Vergeuden heißt: etwas nutzlos verstreichen zu lassen. Und vergeuden hängt mit dem Wort „gähnen" zusammen: den Mund aufreißen, angeben, aber auch verschlingen. Das hat verschiedene Bedeutungen. Wer die Zeit damit verbringt, sich selbst in den Mittelpunkt zu stellen, anzugeben mit dem, was er ist und tut, der vergeudet die Zeit. Zeit ist nur kostbar, wenn ich mich selbst in der Zeit spüre und wahrnehme und wenn ich offen bin für den anderen, für die Begegnung, die in der Zeit geschieht. Ich verschwende die Zeit nie, wenn ich ganz im Augenblick bin, wenn ich mich auf ein Gespräch einlasse oder auf eine Begegnung. Verschwenden heißt: verschwinden lassen, zerstören. Ich lasse die Zeit verschwinden, wenn ich sie leichtsinnig und nutzlos vertue. Aber ich lasse die Zeit auch verschwinden, wenn ich sie mit Terminen zupflastere. Dann bleibt mir keine Zeit. Dann erlebe ich die Zeit nicht als etwas Kostbares. Wenn ich Musik anhöre, wenn ich mich auf ein Gespräch einlasse, dann begreife ich die Zeit als etwas Wertvolles. Sie ist gefüllt mit dem Geheimnis der Begegnung, mit dem Geheimnis der Musik, die mich in Berührung bringt mit dem Unschätzbaren in mir: mit meiner Seele.

„Rede nie ein Wort, das nicht **aufrichtig** ist."

JOHANNES VOM KREUZ

Die größten Zeitdiebe entdecken

Wo ist heute nur die Zeit geblieben?, fragen wir uns manchmal am Ende des Tages. Wenn Sie häufiger dieses Gefühl haben, sollten Sie mehr auf Ihre Zeit achten. Vielleicht versuchen Sie, zu viel in einem Tag unterzubringen. Möglicherweise widmen Sie auch Vorgängen zu viel Zeit, die Sie mit weniger Aufwand erledigen könnten. Oder Sie veranschlagen zu wenig Zeit für Abläufe, die einen größeren Zeitaufwand erfordern.

Sie können diese Fragen relativ schnell beantworten, wenn Sie einmal mehrere Tage hintereinander die Zeiten notieren, die Sie für die einzelnen Aktivitäten aufgewendet haben. Setzen Sie sich am Abend in Ruhe hin, zeichnen Sie sich ein Tagesraster und notieren Sie sich, was Sie in den einzelnen Zeitphasen erledigt haben. Denken Sie auch an Pausen, Zeiten für Telefonate, für die Beschäftigung mit dem Internet, für den nötigen Plausch mit Kollegen oder Nachbarn.

Wenn Sie nach etwa einer Woche die einzelnen Tagesabläufe miteinander vergleichen, erkennen Sie, wo der Haken ist: Für Aktivitäten, von denen wir annehmen, dass sie nur Minuten dauern, brauchen wir bei realistischer Betrachtung oft eine ganze Stunde. Das sind die versteckten Zeitdiebe. Mit diesem Zeitraster vor Augen können Sie nach und nach Kurskorrekturen vornehmen.

„Die Augen sind die Fenster der Seele."

HILDEGARD VON BINGEN

Sich nicht zum Sklaven der Zeit machen

Neigen Sie manchmal zu Aktionismus und haben das Gefühl, Ihr innerer Motor laufe heiß? Setzen Sie sich oft unter Stress?

Wohl alle kennen wir die Situation: Die Arbeit wartet, es herrscht Zeitdruck. Wir versuchen, viele Aufgaben gleichzeitig und möglichst rasch zu erledigen, so viel wie möglich abzuarbeiten, aber dennoch lässt der Druck nicht nach. Manchmal schauen wir dann auf Kollegen, die ihre Aufgaben gelassen nacheinander abarbeiten. Stress scheint ihnen fremd zu sein. Was machen diese Menschen anders als wir?

Ist es möglich, dass Sie Dinge nicht abgeben, die Sie delegieren könnten? Überlegen Sie einmal, welche Aufgaben Sie anderen übertragen können. Möglicherweise müssen Sie erst einmal Zeit investieren, um einem anderen Menschen den Vorgang zu erklären, aber auf längere Sicht sparen Sie sich Zeit.

Setzen Sie sich zu knappe Termine? Mit etwas mehr Vorlauf kann man Aufgaben sorgfältiger erledigen und setzt sich nicht unter Druck.

Können Sie möglicherweise nicht „Nein" sagen, wenn Aufgaben verteilt werden? Auch darauf sollten Sie einen Blick werfen. Denn oft machen wir uns selbst zu Sklaven der Zeit.

„Ohne Spontaneität, ohne die unkalkulierbare Überraschung des Augenblicks, wäre unser Leben tatsächlich nur wie das Ablaufen eines aufgezogenen Automaten." JOSEF BILL

Anderen keine Zeit stehlen, sondern Zeit schenken

Nach einer Unterhaltung sagen mir manche: „Ich danke Ihnen für die Zeit, die Sie mir geschenkt haben." Diese Menschen haben ein Gespür dafür, dass die Zeit für ein Gespräch, das seinen Namen verdient, eine kostbare Zeit ist, ein Geschenk für beide. Doch es gibt andere, die wollen mit mir sprechen, wissen im Grunde aber gar nicht, was sie reden sollen. Sie wollen nur ihre Neugierde befriedigen, mal sehen, wie der Pater Anselm so ist. Bei solchen Gesprächen habe ich den Eindruck, dass mir jemand die Zeit stiehlt. Er will Zeit von mir haben, aber er hat keine Achtung vor ihr. Er hat kein Gefühl für den Wert der Zeit. Er vergeudet nicht nur seine eigene Zeit, sondern auch die eines anderen, den er mit seinem oberflächlichen Gerede zudeckt, oder wie man gerne sagt: zutextet. Er spricht ständig. Ein Dialog kommt dabei kaum zustande. Wenn ich andererseits mit einem Menschen eine gemeinsame Zeit verbringe, etwa im Urlaub, dann muss ich nicht ständig geistreiche Gespräche führen. Aber wenn wir gemeinsam wandern und die Schönheit der Natur bewundern, ist es dennoch eine kostbare Zeit. Oder wenn wir abends fröhlich zusammensitzen, dann geben wir uns Zeit. Alle sagen dann: Es war heute ein gelungener Abend. Die Zeit wird eine schöne Zeit, wenn wir sie uns gegenseitig schenken.

„Liebenswürdigkeit, Nachsicht und Rücksicht
sind die Schlüssel zum Menschenherzen."

DON BOSCO

Alles braucht seine Zeit – durchdachte Zeitvorgaben

Manche Menschen leben nach dem Motto: „Es kommt ohnehin, wie es kommen muss, darauf habe ich gar keinen Einfluss." Sie lassen sich mit dieser fatalistischen Haltung treiben durch das, was ihnen andere, das Schicksal oder der Zufall vorgeben. Sie haben keine eigenen Ziele. Entsprechend sorglos gehen sie auch mit ihrer Zeit um.

Wer hingegen Visionen, Sehnsüchte, Pläne hat, kann seinem Leben eine Richtung geben und nach etwas streben. Er muss sich konkrete Gedanken darüber machen, wie er seine Ziele erreichen kann. Dies gilt für kleine wie für große Vorhaben gleichermaßen. Zu den kleinen Zielen gehören beispielsweise die Dinge, die man am Ende eines Tages erreicht haben möchte. Zu den großen Zielen, beispielsweise eine berufliche Veränderung oder der Bau eines Hauses, gehört die genaue Planung, bis wann der betreffende Wunsch realistischerweise in die Tat umgesetzt werden kann.

Um Ihre Ziele nicht irgendwann aus den Augen zu verlieren, machen Sie sich einen Plan mit kleinen Meilensteinen und notieren Sie sich, bis wann Sie welche Etappe gemeistert haben möchten. Nehmen Sie in regelmäßigen Zeitabständen den Plan zur Hand, um zu sehen, was Sie schon alles geschafft haben und wo Kurskorrekturen notwendig sind. Freuen Sie sich am bereits Erreichten!

„Es ist für uns an der Zeit aufzuwachen
und uns zu erheben."

BENEDIKT VON NURSIA

Alles hat seine Stunde

Ein alter Bauer saß auf der Bank und beobachtete ein junges Paar, das einen Garten rings um seinen Neubau anlegte. Es gab sich dabei enorm viel Mühe und hatte vorher einen genauen Plan gemacht, um die brachliegende Fläche rund ums Haus optimal zu gestalten.

Nachdem sie Pflänzchen und Samen besorgt hatten, machten die jungen Leute sich an die Arbeit. Es dauerte Tage, bis alles so gepflanzt und gestaltet war, wie sie es sich überlegt hatten. Der alte Bauer beobachtete sie dabei. Sie hatten die Bepflanzung so ausgesucht, dass zu jeder Zeit etwas blühen sollte und auch von Frühjahr bis Herbst Salat oder Gemüse geerntet werden konnte.

Nun wartete das junge Paar auf das Ergebnis seiner Bemühungen. Einige Blumen zeigten sich bereits, aber andere blieben in der Erde verborgen, und auch der Salat wollte nicht zur angegebenen Zeit sprießen. Sie berieten sich, düngten mal hier und lockerten dort den Boden auf. Doch die Bemühungen fruchteten nicht immer, die Pflanzen hatten ein Eigenleben, sie blühten nicht immer genau nach den Angaben auf den Samentütchen. „Wir haben doch alles nach den entsprechenden Vorgaben gemacht", hörte der Bauer sie eines Abends sagen. Da mischte er sich ins Gespräch ein: „Pflanzen verhalten sich nicht nach unserem Zeitplan, manchmal brauchen sie mehr Zeit, um zu wachsen. Es hat eben alles seine Stunde", schmunzelte er.

„Alles hat seine Stunde und für jedes
Vorhaben unter dem Himmel gibt es eine Zeit."

ALTES TESTAMENT, BUCH KOHELET 3,1

So unterschiedlich tickt die Uhr

Wir nehmen die Zeit verschieden wahr. Wenn ich ein Gespräch führe, dann ist es eine intensive Zeit. Aber ich spüre auch, wann das Gespräch an ein gutes Ende gekommen ist. Doch manchmal hat der Gesprächspartner nicht dasselbe Gefühl, sondern möchte immer weiter reden und hat kein Gespür für die Grenze. Wenn ich am Buffet anstehe und mein Vordermann lange herumtrödelt, weil er sich nicht entscheiden kann, was er nimmt, dann merke auch ich, dass ich unruhig werde. Er lässt sich Zeit, obwohl die Leute hinter ihm Schlange stehen und ungeduldig werden. Hier gilt das Gebot der gegenseitigen Rücksichtnahme.

Doch jeder empfindet Zeit anders. Und es braucht ein gutes Aufeinanderhören, damit unser unterschiedliches Zeitempfinden nicht zu Aggressionen oder zu Verurteilungen führt. Wenn ich am Buffet bewusst die verschiedenen Zeitauffassungen der Menschen wahrnehme, kann ich damit leben. Ich muss mich nicht anpassen. Ich bin dann dankbar, dass manches bei mir schneller geht als bei anderen. Schneller heißt jedoch nicht: gehetzt oder hektisch, sondern eins nach dem andern, in Klarheit und im richtigen Fluss.

„Beim Glück kommt es nicht auf die Intensität an,
    sondern auf inneres Gleichgewicht, Ordnung,
Rhythmus und Harmonie." THOMAS MERTON

Welcher Zeittyp sind Sie?

Manche Menschen benötigen am Morgen eine ganze Menge Zeit, bis sie aus dem Bett steigen. Sie können nicht gleich aufstehen, wenn der Wecker klingelt, sondern brauchen mehrere Weckvorgänge. Der frühe Morgen ist nicht ihre Zeit. Am Abend dagegen sind sie noch sehr aktiv und bevorzugen, bis in die Nachtstunden zu arbeiten. „Morgenmuffel" nennt man diese Menschen.

Andere hingegen brauchen eigentlich in der Früh gar keinen Wecker. Am frühen Abend allerdings werden sie allmählich müde und schlafen später rasch auf dem Sofa ein. Für diese Menschen hat die „Morgenstund Gold im Mund", wie es so schön heißt.

Jeder hat seinen Biorhythmus, und Frühaufsteher sind keine effektiveren Menschen als solche, die erst im Laufe des Vormittags ihre volle Leistungskraft entwickeln. Manche Unternehmen haben sich darauf eingestellt, indem sie flexible Arbeitszeiten geschaffen haben. Es geht also, wenn man sich aufeinander zubewegt.

Auch im Privatleben ist dies möglich. Wenn der Partner ein anderer Zeittyp ist als man selbst, muss man sich Zeitfenster schaffen, an denen man etwas Gemeinsames unternehmen kann. Im Duktus des Arbeitslebens würde man dies „Kernzeiten" nennen. Schöner ist es jedoch, hierfür den Begriff Füreinander-da-Sein zu verwenden.

„Gemeinschaft ist ein glücklich Wagen,
wenn Liebe sie zusammenhält."

GERTRUD LINK

Lernen, Nein zu sagen

„Könntest du heute Abend kurz auf meine Kinder aufpassen?" Oder: „Würdest du vielleicht mein Päckchen bei der Post abholen?" Oder: „Du bist doch so super im Erarbeiten von Konzepten, kannst du das für unser Team übernehmen?"

Natürlich ist gegen einen Gefallen hin und wieder nichts einzuwenden. Schwierig wird es aber, wenn jemand zu häufig die Zeit eines anderen beansprucht oder ein Ungleichgewicht entsteht, weil immer nur einer gibt. „Helfersyndrom" nennt man so etwas. Wer immer nur für andere Menschen da ist, wird erfahrungsgemäß irgendwann überlastet sein. Spätestens dann ist es an der Zeit, auch einmal „Nein" zu sagen.

Aber dies ist für manche Menschen leichter gesagt als getan. Da ist die Befürchtung, sich unbeliebt zu machen oder andere vor den Kopf zu stoßen, was zu Schuldgefühlen führen kann. Manch einer sagt dann lieber „Ja", auch wenn er „Nein" denkt.

Dabei ist es langfristig besser gegenüber sich selbst und fairer gegenüber den anderen, offen zu benennen, wenn einem etwas zu viel ist. So wissen die Mitmenschen, dass man Grenzen hat. Wer Gefahr läuft, sich durch Schmeicheleien doch wieder zu einem „Ja" umstimmen zu lassen, sollte klar und freundlich sagen, warum er „Nein" meint, und auch dabei bleiben.

„Jedes Geschöpf ist mit einem anderen **verbunden,**
und jedes Wesen wird durch ein anderes gehalten."

HILDEGARD VON BINGEN

Sinnvoll delegieren

Überlastung ist für niemanden angenehm. Weder für denjenigen, der überlastet ist und dies dann in der Regel auch zum Ausdruck bringt, noch für diejenigen, die mit ihm zu tun haben.

Haben Sie keine Bedenken, als Drückeberger oder faul zu gelten, wenn Sie Aufgaben abgeben. Sie müssen nicht alles selbst und alleine machen. Es gibt Dinge, die Sie im Team erledigen können. Es gibt auch Aufgaben, für die andere Menschen eine größere Expertise mitbringen.

Wenn Sie beispielsweise zwei linke Hände haben, sollten Sie sich keine Heimwerkeraufgaben aufbürden. In diesem Fall ist es sicherlich sinnvoller und im Endeffekt preisgünstiger, einen Handwerker zu beauftragen. Sie sparen sich so wertvolle Zeit, Ärger und Frust.

Suchen Sie sich bei komplizierten Sachverhalten Unterstützung. In einem Team – sei es beruflich oder privat – kann jeder seine speziellen Fähigkeiten einbringen. Gemeinsam kommt man dann zu einem guten Ergebnis. Planen Sie rechtzeitig, damit Sie genügend Zeit haben, ein Team zu bilden. In den Jahren der Pandemie haben wir es manchmal schmerzlich vermisst, uns mit anderen persönlich austauschen und Rat einholen zu können. Da wurde uns klar, wie wichtig es ist, dass jeder seine Erfahrungen zum Gelingen einer Aufgabe einbringen kann.

„Wer am falschen Faden arbeitet, zerstört das Gewebe.“

KONFUZIUS

Welcher Zeitrhythmus passt zu mir?

Jeder Mensch hat einen Biorhythmus. Wer gegen seinen inneren Rhythmus lebt, der schadet sich selbst. C. G. Jung meint, dass derjenige, der in seinem eigenen Takt arbeitet, effektiver und nachhaltiger tätig ist. Er vergeudet seine Energie nicht. Ich achte genau auf meinen inneren Rhythmus. Am Vormittag bin ich wacher. Da kann ich die Arbeiten erledigen, die viel Aufmerksamkeit brauchen. Nach dem Mittagessen nehme ich einen kurzen Mittagsschlaf, um mich danach wieder neu der Arbeit widmen zu können. Aber einige Stunden darauf brauche ich nochmals eine kleine Pause, vor allem dann, wenn Gespräche mich ermüdet haben. Wenn ich mich dann 15 Minuten aufs Bett gelegt habe und die Schwere der Müdigkeit genieße, habe ich wieder neue Lust, ein Buch zu lesen oder etwas zu schreiben.

Unser Körper und unser Gefühl sagen uns, was jetzt gerade für uns dran ist, wie wir unsere Zeit gestalten sollen. Viele überhören diese Signale. Sie lassen sich von außen etwas aufzwingen. Doch wenn der innere Rhythmus durcheinandergebracht wird, dann tut dies weder der Seele noch dem Körper gut. Beide werden rebellieren durch ständige Müdigkeit oder seelische und körperliche Krankheiten. Wir tun also gut daran, auf unseren inneren Rhythmus zu hören. Das hält uns lebendig und wach.

„Freude wird jedes Mal dein Abendbrot sein,
wenn du den Tag nützlich zugebracht hast."

THOMAS VON KEMPEN

Ein Perspektivwechsel bringt neue Sichtweisen

Sich eine fundierte, wohlüberlegte Meinung zu bilden, ist wichtig und notwendig. Es ist bedeutsam, dass wir einen Standpunkt haben, den wir auch vertreten können. Denn auf Menschen, die ihr Fähnchen nach dem Wind drehen, kann man sich in der Regel nicht verlassen.

Aber im Begriff „Standpunkt" steckt das Wort „stehen". Damit ist gemeint, dass wir standfest sind und für unsere Überzeugungen eintreten. Manchmal kann das Beharren auf einem Standpunkt aber auch bedeuten, dass wir unbeweglich sind, keine andere Meinung annehmen und uns nicht auf andere zubewegen können. Gerade in einer Auseinandersetzung mit unseren Mitmenschen ist es hilfreich, einmal eine andere Position einzunehmen. Dies können Sie im Alltag einüben.

Schauen Sie aus Ihrem Fenster. Von Ihrem Standpunkt aus haben Sie eine bestimmte Perspektive. Das, was sich neben dem Fensterausschnitt befindet, bemerken Sie gar nicht. Wenn Sie sich jetzt nur einen Schritt nach rechts oder links bewegen, sehen Sie plötzlich Dinge, die Sie vorher nicht wahrgenommen haben. Ihr Blickwinkel hat sich geändert und zeigt Ihnen, dass es noch andere Betrachtungsweisen der gleichen Szene gibt. Manchmal reicht ein einziger Schritt, um die eigene Position ein wenig zu revidieren und eine Annäherung an den anderen zu ermöglichen.

„Die Schwierigkeiten, die wir mit unseren
    Mitmenschen haben, rühren mehr aus unserer
    unbeherrschten Laune als sonst wo her." VINZENZ VON PAUL

Die Bedeutung der Intuition

Im eigentlichen Sinn heißt Intuition „betrachten". Wir verstehen darunter eine Eingebung, eine Ahnung, die wir manchmal umschreiben mit Sätzen wie: „Mein Verstand sagt mir dies oder jenes, aber mein Bauchgefühl weist mich in eine ganz andere Richtung." Die Intuition ist der Schlüssel zu unserem Inneren. Das Unbewusste ist zwar Teil unserer Persönlichkeit, doch wir beachten es häufig zu wenig. Manchmal geraten wir in eine Situation, die ein merkwürdiges Angespanntsein in unserem Inneren erzeugt. Wir haben dann eine Ahnung, dass irgendetwas nicht stimmt. Auch die Begegnung mit einem Menschen kann ein solches Gefühl auslösen. Wir ahnen dann, dass dieser Mensch uns vermutlich nicht guttut.

Bei Tieren kann man beobachten, dass sie unruhig werden, wenn sich ihnen ein Artgenosse nähert, der ihnen gefährlich werden kann. Instinkt nennt man das in diesem Fall.

Das Bauchgefühl ist etwas ganz Wichtiges auch für uns Menschen. Es ist manchmal aufmerksamer als unser Geist und lässt sich auch nichts vormachen. In Stresssituationen sind wir versucht, die Signale des Bauchgefühls einfach zu übergehen, weil sie uns möglicherweise Zeit kosten könnten. Sie sind aber ein wichtiges Indiz dafür, dass wir eine Situation nochmals genau unter die Lupe nehmen sollten. Deshalb: Nehmen Sie sich die Zeit und gehen Sie Ihrem Bauchgefühl nach.

„Je weniger wir die Trugbilder bewundern,
  desto mehr vermögen wir die Wahrheit aufzunehmen.“

ERASMUS VON ROTTERDAM

Die Kunst, den rechten Augenblick zu erkennen

Die alten Griechen kannten zwei Begriffe von Zeit: Chronos und Kairos. Chronos war der Urgott. Er hat seine Kinder verschlungen, weil er Angst hatte vor ihnen. Doch seine Frau Rhea war es leid, dass ihr Mann alle ihre Kinder fraß. So ersann sie eine List. Als Zeus geboren wurde, wickelte sie statt des Säuglings einen schweren Stein in Windeln. Ihr Mann verschlang arglos den eingewickelten Stein. So überlebte Zeus und tötete später seinen Vater. Chronos steht für die Zeit, die uns auffrisst. Wir sprechen vom Chronometer, der uns als Zeitmesser tyrannisiert. „Chronos" ist die planbare Zeit, nach der wir unsere Termine fixieren und unseren Tagesablauf ausrichten.

Der Begriff „Kairos" dagegen geht zurück auf eine göttliche Gestalt mit Flügelschuhen, einem kahlen Hinterkopf und einer langen Locke an der Stirn. Um den richtigen Moment zu nutzen, muss man die Gelegenheit also am Schopf packen. „Kairos" lässt sich nicht konkret bestimmen. Wann die richtige Zeit für eine Entscheidung gekommen ist, muss man erahnen, erspüren, intuitiv erfassen. Dazu gehören Fingerspitzengefühl, ein waches Auge und ein offenes Ohr.

Wer den „Kairos" erkennen will, muss sich Zeit nehmen, innehalten, die bevorstehende Entscheidung genau prüfen und sie im rechten Moment treffen. Eine Kunst, die man nur mit der Zeit erlernen kann.

„Die Wahl des richtigen Zeitpunkts ist alles.
Auf das Wann kommt es ebenso sehr an wie auf das Wie."

SPRICHWORT

Die innere Uhr nicht aus den Augen verlieren

Jeder trägt eine innere Uhr in sich. Diese sagt uns, wann es Zeit ist, mit einer Tätigkeit aufzuhören. Sie sagt uns, wann wir mal eine Pause machen sollten. Denn wir können uns nur eine Zeit lang auf etwas konzentrieren. Die Forschung sagt uns, dass das Gehirn solche kreativen Pausen braucht, um sich neu zu organisieren. Wenn wir unsere innere Uhr überhören und einfach weiterarbeiten, dann wird nicht viel dabei herauskommen. Wir werden nicht kreativ sein. Wir können höchstens Routinearbeiten weitermachen. Aber auch da werden wir mit der Zeit unaufmerksam werden und Fehler machen.

Daher ist es gut, auf die innere Uhr zu hören. Sie macht uns aufmerksam auf unsere Gefühle und auf die Spannung unseres Körpers. Wenn wir verspannt sind bei einer Arbeit, tun wir gut daran, uns kurz zu entspannen, uns vorzustellen, dass wir jetzt einige Augenblicke gar nichts tun müssen. Wir sind einfach nur da und geben uns dem Augenblick hin, ohne etwas vorweisen zu müssen. Solche Pausen bereichern uns. Die Zeiger unserer inneren Uhr markieren das Gefühl von Lust und Unlust. Solange wir voller Lust bei einer Sache sind, können wir weitermachen. Doch sobald Unlust aufkommt, ist dies die Einladung, entweder eine Pause zu machen oder aber sich auszusöhnen mit dieser nicht besonders kreativen Arbeit, die aber trotzdem getan werden muss.

„Die Zeit kann **stehen bleiben,** die Uhr geht weiter."

SERBISCHES SPRICHWORT

Auszeit – sich selbst Gutes tun

„Heute besuche ich mich selbst. Hoffentlich bin ich daheim", sagte Karl Valentin einmal. Hinter dieser humorigen Aussage steckt eine Lebensweisheit: Bei sich selbst anzukommen, bei sich daheim zu sein, ist ganz wichtig für ein gesundes Verhältnis zur eigenen Persönlichkeit. Der persönliche Rückzug, die Beschäftigung mit dem eigenen Befinden gehört zum achtsamen Umgang mit sich selbst. Und nur wer auf sich selbst achtet, kann auch anderen Menschen mit Achtsamkeit begegnen. Dies hat nichts mit Egozentrik oder Egoismus zu tun.

Wer mit sich selbst nicht im Reinen ist, wird sich schwertun, mit anderen Menschen fruchtbare Beziehungen zu pflegen.

Er wird anecken, denn bei ihm selbst läuft es nicht „rund".

Während der Pandemie waren viele Menschen auf sich selbst gestellt und mussten damit zurechtkommen, dass es viel weniger Ablenkungsmöglichkeiten gab. Sie konnten nicht vor sich selbst und den Fragen und Problemen ihres Lebens davonlaufen. Dies war für so manchen eine große Herausforderung. Wer diese Zeit jedoch positiv zu nutzen wusste, ergriff die Chance, sich mit Schwierigkeiten auseinanderzusetzen, die er jahrelang mit sich herumgeschleppt hatte.

Deshalb ist es wichtig, sich immer wieder einmal eine Auszeit im Alltag zu nehmen.

„Eine Seele ohne **Schweigen**
ist wie eine Stadt ohne Schutz."

THÉRÈSE VON LISIEUX

Warten lernen

Warten fällt uns in der heutigen Zeit meist sehr schwer. Niemand möchte mehr warten. Im Gegenteil, alles soll noch zügiger, noch effektiver gehen. Wartezeit gilt vielfach zu Unrecht als verlorene Zeit.

Wenn wir an der Haltestelle stehen und auf die verspätete Straßenbahn warten müssen, werden wir nervös. Wenn die Schlange an der Supermarkttheke lang ist, ärgern wir uns. Wenn jemand auf dem Fußgängerweg vor uns schlendert und uns nicht vorbeilässt, drängeln wir. Warten haben wir verlernt. Dabei kann das Warten eine sehr nützliche Zeit sein. Es kann uns nämlich den Ausflug in Traumwelten ermöglichen. Wenn Sie wieder einmal irgendwo in der Warteschlange stehen, stellen Sie sich einfach vor, Sie seien an einem herrlichen Urlaubsort. Lassen Sie Ihrem Kopfkino freien Lauf. Legen Sie sich in Gedanken an einen Strand, atmen Sie tief durch und lassen Sie sich von der Sonne erwärmen, den Wind durch Ihr Haar streichen. Oder tauchen Sie ein in die erfrischenden Fluten. Sie haben Zeit und können diesen Ort genießen. Ein Lächeln umspielt jetzt Ihren Mund, niemand weiß, warum, aber vielleicht erwidert es jemand. So profitiert auch ein anderer Mensch in der Warteschlange von Ihrem Urlaubsort, ohne es zu wissen. Wenn nun die Straßenbahn kommt oder die Bedienung im Supermarkt nach Ihren Wünschen fragt, werden Sie es bedauern, dass die Wartezeit endet.

„Erachte nichts, was dir auf dem Weg begegnet, als gering."

BASILIUS DER GROSSE

Prioritäten setzen

Wer seine Prioritäten vor Augen hat, bewegt sich stetig auf seine Ziele zu. Manchmal ist dies aber nicht ganz einfach. Eine Menge Anforderungen erwarten uns im Alltag, alles scheint dringlich zu sein. Wonach soll man sich dann richten? Wenn Ihre Aufgaben allmählich unüberschaubar werden, machen Sie sich doch eine Prioritätenliste.

Nehmen Sie sich Zeit. Erstellen Sie eine Tabelle mit drei Spalten. In der linken listen Sie Ihre Aufgaben auf. In der mittleren Spalte setzen Sie hinter jede Aufgabe einen Buchstaben: „E" für erste Priorität oder eilig; „W" für Warteliste; „V" für auf unbestimmte Zeit verschieben. Überlegen Sie sich die Buchstabenverteilung sehr genau, geben Sie sich Zeit. Wahrscheinlich zeigt sich bereits jetzt, dass einige Aufgaben gar nicht so wichtig sind. Möglicherweise können Sie auch einiges delegieren. So entspannt sich die Lage sichtlich.

In der dritten Spalte vermerken Sie, bis wann Sie Ihre Aufgaben erledigt haben sollten. Auch hier gilt: in Ruhe überlegen und realistische Zeitvorgaben einsetzen.

Schauen Sie sich diese Liste regelmäßig an. Beispielsweise am Freitag, bevor Sie das Büro verlassen. Haken Sie ab, was bereits erledigt ist. Das gibt Ihnen ein gutes Gefühl fürs Wochenende. Schichten Sie um und aktualisieren Sie Ihre Liste. So haben Sie Ihre Prioritäten immer vor Augen.

„Hab Geduld mit den Dingen,
besonders aber mit dir selbst."

FRANZ VON SALES

Realistische Zielvorgaben entwickeln

In manchen Klöstern gibt es zu Beginn der Fastenzeit eine Tradition: Die Mönche geben dem Abt ein Versprechen unter vier Augen. Sie teilen ihm mit, worauf sie während der vierzigtägigen Fastenzeit verzichten beziehungsweise was sie während dieser Zeit anders machen möchten als sonst. Sie setzen sich Ziele. Der Abt ermahnt seine Mitbrüder, zunächst reiflich zu prüfen, ob ihre Vorhaben auch in die Tat umzusetzen sind.

Diese Methode der kleinen Schritte ist auch für unseren Alltag außerhalb der Klostermauern tauglich.

Vier Schritte helfen beim Umsetzen der Ziele:

- *Das Ziel nicht zu weit stecken. Ein kleiner geschaffter Schritt ist besser als ein großer, bei dem man stolpert.*
- *Das Ziel kritisch hinterfragen. Passt es zu mir? Ist es realistisch?*
- *Das Ziel genau definieren. Was möchte ich am Ende erreichen? Wohin möchte ich mit meinem Schritt gelangen?*
- *Einen Zeitplan erstellen. In welchem Zeitraum soll der Schritt vollzogen werden? Wann möchte ich das Ziel erreicht haben?*

Wenn Sie den klösterlichen Impuls aufgreifen möchten, können Sie einem nahestehenden Menschen davon erzählen. So werden Sie sich Ihrer Zielvorgabe eher verpflichtet fühlen.

„Freiheit ist die Möglichkeit,
eigene Ziele zu verwirklichen."

VOLKSMUND

Rituale im Jahreslauf

Rituale sind nach einem vorgegebenen Schema ablaufende Handlungen. Sie können einengend und verstaubt sein. Von Zeit zu Zeit sollte man sie deshalb überdenken. Viele Rituale haben aber eine positive Wirkung. Sie geben einem Geschehen, beispielsweise einer Hochzeit oder einer Taufe, einen passenden Rahmen. Für unser Leben bedeuten Rituale auch Halt.

Unsere christlichen Feste wie Ostern und Weihnachten sind geprägt durch Rituale, die wir seit langer Zeit praktizieren und auf die wir uns freuen können.

Die Fastenzeit beispielsweise ist eine Phase des Rückzugs, der Besinnung, des Ver-zichts und hat selbst in unserer schnell-lebigen Zeit noch eine Bedeutung.

Rituale im Jahreslauf orientieren sich am Wachsen und Gedeihen der Natur: das Austreiben des Winters, die Segnung der Palmbuschen vor Ostern und der Kräu-tersträuße im August, das Erntedankfest im Herbst. Das Jahr verläuft so in einem festen Rhythmus, der seit Jahrhunderten besteht. Rituale haben die Zeit überdau-ert, sie zeigen uns, dass es im Leben auch beständige Dinge gibt. Und das ist sehr heilsam. Wer Rituale im Alltag pflegt und mit seiner Familie lebt, schafft Gemein-schaft und wichtige Eckpfeiler fürs Leben.

„Immer ist die gegenwärtige Stunde die wichtigste."

MEISTER ECKART

Kleine Veränderungen schaffen neue Perspektiven

Manchmal genügt es, eine neue Tischdecke aufzulegen, und schon wirkt ein Raum ganz anders. Manchmal muss man nur einem Gegenstand einen neuen Platz geben, und er kann sich besser entfalten. Manchmal lohnt es sich, ein Kleid mit einer frischeren Farbe anzuziehen, und rasch wird man heiterer. Es sind nicht die großen Umbrüche, die das Leben bunter machen. Kleine Veränderungen können oft Erstaunliches bewirken. Um sie durchführen zu können, benötigt man Zeit.

Setzen Sie sich einmal in Ruhe in den Raum, in dem Sie die meiste Zeit des Tages verbringen, vielleicht ist dies sogar Ihr Büro. Manche Menschen schenken der Einrichtung ihres Arbeitsraums wenig Beachtung. Dabei sollte man sich gerade an einem solchen Platz besonders wohlfühlen.

Gefällt Ihnen der Raum so, wie er gestaltet ist? Vielleicht ist er vollgestellt mit zahlreichen Gegenständen. Nehmen Sie sich Zeit, arrangieren Sie Dinge neu, stellen Sie erst einmal ein Möbelstück um, bevor Sie große Umbaumaßnahmen ergreifen. Misten Sie aus. Viele Menschen haben die Zeit der Pandemie dafür genutzt und dabei festgestellt: Mit kleinen Veränderungen kann eine Einrichtung ganz anders wirken. Als hätte man neue Räume bezogen.

„Winzige Veränderungen
machen das wahre Leben aus."

LEO TOLSTOI

Die Entdeckung der Langsamkeit

Es gibt einen berühmten Roman von Sten Nadolny mit dem Titel „Die Entdeckung der Langsamkeit". Die Hauptfigur, John Franklin, benötigt für viele Abläufe des täglichen Lebens erheblich länger als andere. Am Anfang empfindet er dies als Makel. Mit der Zeit merkt er jedoch, dass seine Langsamkeit eine besondere Gabe ist. Er macht alles mit mehr Bedacht, überlegt sich jeden Schritt genau, macht dadurch weniger Fehler und erreicht viel mehr im Leben als viele seiner Mitmenschen, die ihn verspottet hatten.

Manchmal wäre es gut, wenn wir ein wenig wie John Franklin wären. Aber jeder kann sich im Leben Momente schaffen, in denen er sich von der Langsamkeit bestimmen lässt. Schließen Sie die Augen und stellen Sie sich ein Stundenglas vor. Kontinuierlich schieben sich die kleinen Sandkörner durch den schlanken Hals.

Jedes Sandkorn demonstriert Ihnen, wie alles seinen gleichförmigen Gang geht.

Nichts wird beschleunigt oder verlangsamt. Ein beruhigendes Gefühl.

So wie der Sand allmählich die untere Hälfte des Stundenglases füllt, werden auch Sie mit Ruhe erfüllt.

Genießen Sie diese Zeit. Sie ist Balsam für die Seele.

„Gleicht unser Leben nicht einer
   ununterbrochenen Schule der Sehnsucht?"

CHRISTIAN SCHÜTZ

Eine Stunde nur für mich – zur Ruhe kommen

Stellen Sie sich vor, jemand würde Ihnen aus heiterem Himmel eine Stunde Zeit schenken. Würde Ihnen spontan einfallen, was Sie damit machen könnten?

Wir hätten da einige Vorschläge:

- *Sich ins Café setzen und die vorbeigehenden Menschen beobachten*
- *Einen Brief an einen lieben Menschen schreiben*
- *Dem Zwitschern der Vögel lauschen*
- *Sich auf eine Gartenbank setzen und den Himmel betrachten*
- *Ihre Lieblingsmusik hören und nichts weiter*

- *An einem Flussufer sitzen und betrachten, was sich alles auf dem Strom bewegt*
- *Einen Entspannungsschlaf halten*
- *Ein duftendes Bad nehmen*
- *In einem Museum nur solche Werke anschauen, die Ihnen gefallen*

Mit allen Sinnen wahrnehmen, das gönnen wir uns meist viel zu selten. Sicherlich haben Sie selbst noch jede Menge guter Ideen, was Sie mit dieser geschenkten Zeit anfangen könnten.

„Liebe und tue, was du willst."

AURELIUS AUGUSTINUS

Öfter einmal innehalten

Zum Innehalten gehört nicht nur die geistige, sondern auch die körperliche Entspannung. Dazu können Sie eine kleine Übung machen, die Sie nur etwa fünf Minuten kosten wird.

Legen Sie sich auf eine warme Decke am Boden und schließen Sie die Augen. Nach und nach lockern Sie jetzt Ihre Muskelpartien. Konzentrieren Sie sich zunächst auf Ihren linken Fuß. Spannen Sie jeden einzelnen Zeh, dann den ganzen Fuß an, und lassen Sie den Fuß dann zur Seite sinken. Machen Sie das Gleiche mit dem rechten Fuß. Dann geht es weiter mit den Unterschenkeln: Spannen Sie zunächst den linken Unterschenkel an, dann entspannen Sie ihn und lassen ihn auf den Boden sinken. Nun kommt der rechte Unterschenkel, hier verfahren Sie genauso.

Nach den Unterschenkeln kommen die Oberschenkel – gedanklich in den Blick nehmen, anspannen, entspannen und schwer werden lassen. Bearbeiten Sie so nach und nach alle Körperteile: Becken, Bauch, Schultern, Oberarme, Unterarme, Hände, Finger, Kopf. Bis Sie am Ende spüren, dass Ihr gesamter Körper schwer und entspannt auf der Unterlage ruht. Verweilen Sie noch einen Moment so, bevor Sie langsam die Augen öffnen, sich räkeln und strecken und dann gemächlich aufstehen.

Sie haben sich eine herrliche Erfrischungszeit mitten am Tag geschenkt!

„Es gibt Dinge im Leben, die niemals sterben und immer eine
Quelle der Freude für uns sein werden, solange wir sie pflegen."

JOAN CHITTISTER

Aktiv, aber nicht hyperaktiv sein

Aktive Menschen sind in der Regel zufriedener als solche, die antriebslos in den Tag hinein leben. Wer ein sinnvolles Leben führen möchte und sich Ziele steckt, die er kontinuierlich verfolgt, blickt meist voller Freude auf die Aufgaben, die er täglich gemeistert hat, und schaut mit Optimismus in die Zukunft.

Die aktiven Phasen sollten jedoch, so zeigen es die Impulse in diesem Buch, immer wieder durch kleine Pausen, Auszeiten im Alltag, unterbrochen werden. Dadurch läuft man nicht Gefahr, das Tempo so zu steigern, dass man hyperaktiv wird. Der Begriff „hyper" kommt aus dem Griechischen und bedeutet „über". Hyperaktivität ist somit die Überaktivität, die in Unrast

und Unruhe umschlagen kann. Hyperaktive Menschen können nicht stillsitzen, sie müssen immer in Bewegung sein.

Wir alle kennen Phasen mit einer großen Aufgabenfülle, in denen wir wie am Schnürchen funktionieren. Beispielsweise, wenn ein großes Event organisiert wird und man mit aller Kraft auf diesen Tag hinarbeitet. Es macht auch Spaß, zu sehen, wie leicht einem die Dinge dann von der Hand gehen. Solche Phasen wird es immer wieder im Leben geben. Sie dürfen jedoch nicht zum Dauerzustand werden. Vielmehr muss man danach sorgfältig darauf achten, dass das Adrenalin allmählich wieder ein normales Level erreicht.

„Was nützt es dir, wenn du die ganze Welt
gewinnst und einzig dich verlierst."

BERNHARD VON CLAIRVAUX

Den eigenen Rhythmus finden

Das benediktinische Leben ist durch einen festen Rhythmus geprägt. Da ist Zeit für das Gebet und für die Arbeit. Die Arbeit wird immer wieder durch Gebete unterbrochen. Es ist Zeit für die Kommunikation und Zeit für das Schweigen. Mir hat diese Struktur geholfen, meinen eigenen Rhythmus zu finden. Die ersten drei Stunden des Tages sind für mich Zeiten der Stille, des Gebetes, der Meditation, der gemeinsamen Eucharistiefeier und der persönlichen Lesung. Dann gehe ich gerne ins Büro und beantworte meine Mails und Briefe. Die Arbeit wird durch das Mittagsgebet unterbrochen, dann folgen das Essen und ein kurzer Mittagsschlaf. Danach trinke ich eine Tasse Kaffee und arbeite weiter.

Bevor ich zum Abendlob in die Vesper gehe, mache ich eine kurze Pause, damit ich nicht direkt aus der Anspannung heraus zum Gebet gehe. Der Abend ist geprägt durch das gemeinsame Abendessen, durch eine halbe Stunde Rekreation, in der wir miteinander zusammensitzen oder im Sommer draußen spazieren gehen und uns unterhalten. Dann folgt die Komplet, und anschließend freue ich mich auf die Zeit der Stille, in der ich für mich lesen oder schreiben kann. Der Rhythmus bewahrt mich davor, in Stress zu geraten. Natürlich wird dieser Zeitlauf oft unterbrochen durch Vorträge oder Kurse, die ich halte. Aber mein Grundgerüst steht, und das schützt meinen persönlichen Rhythmus.

„Wer sich im geistlichen Leben an Ordnung hält,
geht mit Eifer daran, das einmal Festgesetzte auszuführen."

GARCIA DE CISNEROS

Wer schnell ans Ziel will, sollte langsam gehen

Wer hektisch unterwegs ist, läuft Gefahr, ins Stolpern zu geraten und dabei vom Weg abzukommen. Viel effektiver ist es, wenn man seine Schritte mit Bedacht setzt und dabei im beständigen Rhythmus unterwegs ist.

Achtsames Gehen kann man üben. Es sollte im Schweigen geschehen. Suchen Sie sich eine Wegstrecke, auf der Sie nicht in ein Gedränge geraten.

Setzen Sie ganz bedächtig einen Fuß vor den anderen. Je langsamer, desto besser. Richten Sie sich in diesem Rhythmus ein. Beschleunigen Sie Ihren Schritt nicht. Wenn Sie einen inneren Drang verspüren, das Tempo anzuziehen, bleiben Sie stehen.

Legen Sie ein kurzes Stück des Wegs zurück und halten Sie inne. Schauen Sie sich um, atmen Sie tief ein, beobachten Sie, was um Sie herum geschieht. Es werden Ihnen Dinge auffallen, die Sie vorher nie bemerkt haben – Bäume, die wie mächtige Gestalten am Weg stehen, Blüten, die aus kleinen Nischen hervorlugen, Vogelmelodien, Glockengeläut.

Verfolgen Sie Ihren Weg in diesem langsamen Rhythmus, bis Sie an Ihr Ziel gelangen. Sie werden spüren, dass dieser gleichförmige Bewegungsablauf Ihnen hilft, Ihre Balance zu finden und schneller an Ihr eigentliches Ziel zu gelangen.

„Die nur ganz **langsam** gehen, aber immer
den rechten Weg verfolgen, können viel weiter kommen als die,
welche laufen und auf Abwege geraten." RENÉ DESCARTES

Manchmal ist es besser, weniger zu tun

Hin und wieder denkt man am Abend, man habe im Verlauf des Tages kaum etwas erreicht. Vieles ging langsamer, als man es erwartet hatte. Andere Dinge, die man sich vorgenommen hatte, konnte man gar nicht in Angriff nehmen. Und dies alles, obwohl man den Tag sorgfältig vorbereitet und realistische Zeitfenster für die einzelnen Tätigkeiten eingeplant hatte.

Aber es gibt eben Tage, an denen uns die Dinge nicht so rasch von der Hand gehen. Der Mensch ist glücklicherweise keine Maschine und lässt sich nicht programmieren wie ein Computer.

Manchmal braucht man einfach etwas mehr Zeit. Vielleicht weil der Geist überlastet oder man körperlich nicht ganz fit ist. Weil einen etwas bedrückt und ausbremst. Bei solchen Signalen muss das Tempo eben etwas gedrosselt werden. Wenn dies hin und wieder der Fall ist, ist das ganz normal. Sollten sich solche Anzeichen aber wiederholen, muss man der Sache nachgehen.

Beim Rückblick auf den Tag stellt man im Übrigen manchmal fest, dass man doch effektiver war als gedacht. Zur Bilanz zählt eben nicht allein die Menge der Aufgaben, die man geschafft, sondern auch, wie gründlich man diese erledigt hat. Deshalb ist das Innehalten am Ende des Tages ganz wichtig.

„Du darfst auf keinen Fall deinen **inneren Frieden** verlieren, auch dann nicht, wenn die Welt aus den Fugen zu geraten scheint."

FRANZ VON SALES

Nicht immer nur nach vorne: den Blick auf das Erreichte richten

Wer immer nur nach vorne schaut, verliert den Überblick über das, was ihm im Leben schon gelungen ist. Ein regelmäßiger Rückblick hingegen hält einem vor Augen, was einem auf dem Lebensweg geschenkt wurde und was man selbst erreichen durfte. So kann man Dankbarkeit üben.

Halten Sie daher regelmäßig Rückschau. Nehmen Sie dafür ein großes Blatt sowie Buntstifte zur Hand und zeichnen Sie einen großen Kreis. Dieser symbolisiert die vergangenen Monate. Zeichnen Sie in diesen Kreis wiederum Kreise verschiedener Größe für die einzelnen Lebensbereiche, beispielsweise: Partner, Familie, Freunde, Beruf, Sport, Bildung, Reisen, Hobby etc.

Bereiche, für die Sie viel Zeit aufgewendet haben, bekommen einen großen Kreis. Die anderen kleinere Kreise – je nach Gewichtung. Beschriften Sie die Kreise und malen Sie sie in unterschiedlichen Farben aus. Listen Sie neben dem großen Kreis auch die Bereiche auf, die Sie nicht untergebracht haben.

Nehmen Sie Ihre Zeichnung nun genau unter die Lupe. Sind Sie zufrieden mit der Gewichtung oder möchten Sie etwas ändern? Diese Zeichnung macht Ihnen deutlich, wo Sie Kurskorrekturen vornehmen sollten. Aber noch wichtiger: Sie zeigt, was Ihnen im Laufe der letzten Monate alles gelungen ist.

„Wenn der Mensch **Ordnung** einhält,
dann wird er nicht verwirrt."

ABBAS POIMEN

Die Suche nach dem, was in mir ist – achtsam mit sich selbst sein

Der heilige Benedikt ermahnt den Cellerar, also den wirtschaftlichen Leiter des Klosters, er solle immer auf seine Seele achten. Das war für mich ein wichtiger Grundsatz in den 36 Jahren, in denen ich selbst Cellerar war. Wenn ich in die Verwaltung gegangen bin, habe ich zuvor immer auf mein Inneres geachtet. Wenn da noch Ärger oder Enttäuschung vom Vortag in mir war, habe ich versucht, diese negativen Gefühle zu reinigen, indem ich das Jesusgebet in meinen Ärger und meine Unruhe hineingesprochen habe.

Ich wusste: Ich bin verantwortlich, mit welcher inneren Einstellung ich zur Arbeit gehe. Wenn ich die aufgestauten oder verdrängten Gefühle mitnehme, dann werde ich meine Umgebung emotional verschmutzen. Achtsam sein heißt nicht, alles im Griff zu haben, sondern in Beziehung zu sein zu meinen Gefühlen. Wenn ich meine Emotionen wahrnehme, dann kann ich mich auch von ihnen distanzieren. Und zugleich sind meine Empfindungen eine Herausforderung, für inneren Frieden in mir zu sorgen. Nur wenn ich achtsam mit mir umgehe, kann ich auch achtsam mit der Zeit umgehen und achtsam gegenüber meinen Mitmenschen sein.

„Wenn du Liebe **verschenkst,**
     dann brauchst du vor nichts zurückschrecken."

ISAAK VON STELLA

Die anderen nicht aus den Augen verlieren – Achtsamkeit im Umgang mit den Mitmenschen

„Hab die Menschen gern, die kleinen, die großen, die schönen, die hässlichen, die lustigen, die trockenen, die geschickten, die ungeschickten, die gelungenen, die missglückten. Deine Liebe wird ihnen guttun. Du merkst ja selber auch gleich, ob einer, der mit dir zu tun hat, dich mag oder nicht", schrieb der belgische Ordenspriester Phil Bosmans einmal. Ein wichtiger Appell, offen und ohne Vorbehalte auf jeden Menschen zuzugehen, und mag dieser auf den ersten Blick auch noch so wenig meinen Vorstellungen entsprechen.

So mancher Mensch entpuppt sich nach einer Weile als viel interessanter, unterhaltsamer oder humorvoller, als man zunächst dachte. Von so mancher Person, von der man glaubte, sie habe eine ganz andere Lebenseinstellung als man selbst, konnte man am Ende vieles lernen. Zahlreiche Menschen, von denen man dies zunächst nicht vermutete, haben uns im Laufe des Lebens die Augen geöffnet und uns neue Perspektiven erschlossen.

Mit den Beziehungen zwischen Menschen ist es wie mit Pflanzen: Sie brauchen Zeit zum Wachsen. Man muss achtsam mit ihnen umgehen. Achtsamer Umgang bedeutet auch, den anderen zu beachten und zu achten. Zu schauen, ob er meine Unterstützung braucht. Zeit geben – nur so können Beziehungen gedeihen.

„Das Vertrauen gleicht einer ausgestreckten Hand, die deinem Nächsten bedeutet, dass er nicht allein ist auf Erden."

KATHARINA VON SIENA

Anderen Zeit schenken

Sind Sie schon einmal auf die Idee gekommen, jemandem Zeit zu schenken? Einer Person, die damit überhaupt nicht rechnet, weil Sie sich immer zu wenig Zeit für sie nehmen? Die Geburtstage Ihrer Liebsten stellen Sie immer wieder vor neue Herausforderungen. Sie denken, es ist noch lange hin, dann steht der Tag plötzlich vor der Tür. Und Sie haben kein Geschenk, rennen in die Stadt und kaufen irgendetwas. Hauptsache groß, Hauptsache teuer.

Das gleiche Spiel an Weihnachten. Jedes Jahr schwören Sie sich, sich früher zu überlegen, womit Sie Ihren Lieben eine Freude bereiten könnten. Aber immer warten Sie bis zum letzten Augenblick. Dann drängt die Zeit, und es wird stressig.

Das könnten Sie alles viel entspannter angehen. Ihre Familie beklagt sich ohnehin schon seit Langem, dass Sie zu wenig Zeit für sie haben. Das ist Ihre große Chance: Schenken Sie Zeit. Einen Gutschein, auf dem steht: „Ein Tag nur für Dich!" Schön verpackt. Was glauben Sie, welchen Volltreffer Sie da landen können! Zeit, wer hat das schon. Und Sie verschenken etwas so Kostbares. Damit beglücken Sie nicht nur den Beschenkten, sondern auch sich selbst. Denn Sie sind ja involviert in diesen Tag. Ein Geschenk mit einer rundum positiven Wirkung.

„In der Wohnstätte des Herzens
ist die Weisheit der Seele zu Hause."

HILDEGARD VON BINGEN

Resilienz – Krisen bewältigen durch Lebenserfahrung

Mit der Zeit und dem fortschreitenden Leben haben wir viele Erfahrungen sammeln können. Ob gute oder weniger gute – sie alle haben uns stark gemacht. Manchmal erkennen wir erst nach längerer Zeit, was wir auch aus negativen Erfahrungen lernen konnten. Aus diesem Fundus können wir im Verlauf des weiteren Lebens schöpfen. Resilienz nennt man die Fähigkeit, Krisen zu bewältigen, indem man auf persönliche Ressourcen zurückgreift.

Wenn man eine Krisensituation wiederholt durchstehen muss, wird sie einen in der Regel nicht mehr so stressen wie beim ersten Mal. Dies kann man bei Menschen beobachten, die auch in schwierigen Situationen die Ruhe und den Überblick bewahren und sich nicht so leicht aus der Bahn werfen lassen. Diese Menschen beherrschen die Fähigkeit zur Resilienz. Sie haben ihre Emotionen im Griff und wissen meist, dass und wie man Krisen überwinden kann.

Resiliente Menschen besitzen auch die Gabe, im Schlechten das Gute zu erkennen, und sind daher optimistischer. Sie lernen aus Fehlern und haben sich im Laufe der Zeit ein Repertoire an Möglichkeiten zugelegt, auf Herausforderungen des Lebens zu reagieren. Denken auch Sie in schwierigen Phasen daran, was Sie schon alles gemeistert haben.

„Dein Schöpfer hat dir den besten Schatz gegeben: deinen Verstand."

HILDEGARD VON BINGEN

Der Weg ist das Ziel

„Der Weg ist das Ziel." Diese Weisheit ist von Konfuzius überliefert. Nicht nur das Erreichen eines Ziels ist wichtig, sondern auch die Art und Weise, wie man dort hingelangt. Unterwegs eröffnen sich neue Sichtweisen, deshalb ist es bedeutsam, welchen Weg wir nehmen: Ist er gerade oder eher kurvenreich? Verläuft er anders als gedacht? Welche Hürden sind unterwegs zu nehmen? Haben wir überhaupt die richtige Richtung eingeschlagen?

Auch die Frage, wie wir die Zeit des Unterwegsseins gestalten, ist ganz wesentlich: Hetzen wir dahin, nur das Ziel im Auge? Oder gehen wir gemächlich und mit weitem Herzen, sodass wir erkennen, was uns am Wegesrand begegnet?

Unsere Lebenserfahrungen machen wir auf dem Weg selbst und nicht am Ziel. So ist das Finden und Verfolgen des Wegs viel bedeutsamer als das Ankommen. Diese Erkenntnis zeigt uns, wie wichtig es ist, jeden Augenblick des Unterwegsseins mit Freude zu gestalten und bewusst wahrzunehmen, denn jede Minute ist kostbar.

Harmonie, Mitte und Gleichgewicht zu finden, war für Konfuzius essenziell. Dieses Bestreben bewegt Pilger seit Jahrhunderten, sich auf den Weg zu machen. Und die Erfahrungen, die der Weg sie lehrt, sind mindestens genauso beglückend wie der Moment der Ankunft.

„Wahrheit ist der Weg des Himmels.
Die Verwirklichung der Wahrheit ist der Weg des Menschen."

KONFUZIUS

Carpe diem – den Augenblick genießen

Je älter man wird, desto mehr wächst der Schatz an Erinnerungen. Zeiten, in denen man viel erlebt, kommen einem im Moment des Erlebens wie im Flug vor. In der Erinnerung scheinen sie ausgedehnt, weil sie mit vielen Ereignissen gefüllt sind. Phasen, die uns im Moment des Erlebens „lang-weilig" vorkamen, schnurren in der Erinnerung zusammen zu kurzen Momenten. Zeiträume aus der Vergangenheit, die gleich lang waren, kommen uns im Rückblick unterschiedlich lang vor.

Ständig speichern wir neue Erinnerungen und gleichzeitig verblassen ältere. Das Gedächtnis hat seine eigene Ordnung. Das Gute dabei ist: Ereignisse, die wir im Moment des Erlebens als negativ wahrgenommen haben, können im Laufe der Zeit durch neue Erfahrungen positiv bewertet werden.

Ältere Menschen haben viele Erinnerungen und einen reichen Erfahrungsschatz. Bei vielen Menschen fortgeschrittenen Alters spürt man dies. Sie strahlen eine Lebensweisheit aus. Ihnen gebührt daher besonderer Respekt, sie zählen keinesfalls zum „Alteisen".

Es lohnt sich, jeden Augenblick zu genießen und die besonderen Momente immer wieder einmal abzurufen. Nehmen Sie sich daher die Zeit, setzen Sie sich in eine ruhige Nische und schwelgen Sie in schönen Erinnerungen.

„Die Ewigkeit gleicht einem Rad,
das weder Anfang noch Ende hat."

HILDEGARD VON BINGEN

Let it flow – Zeit im Fluss

Niemand weiß, wie viel Lebenszeit ihm geschenkt wird. Wir leben nach vorne gerichtet wie eine Seilbahn, die allmählich den Berg hinaufgondelt, bis sie den Gipfel erreicht, um sich dann wieder nach unten zu bewegen. Unserer Vergänglichkeit werden wir uns spätestens dann bewusst, wenn der nächste Geburtstag vor der Tür steht. In den frühen Lebensphasen kann es einem nicht schnell genug gehen. Wenn man aber den Gipfel bereits hinter sich gelassen hat, scheint die restliche Lebenszeit wie im Flug dahinzurasen.

Folgende Übung verdeutlicht den Lebensfluss: Nehmen Sie sich eine Rolle, wie man sie für Kassenbons benutzt, zur Hand. Schneiden Sie ein Stück von einem Meter Länge von dieser Rolle ab. Markieren Sie diesen Streifen mit senkrechten Strichen, die für Ihre einzelnen Lebensphasen stehen: Kindheit, Jugend, junges Erwachsenenalter, Ausbildung, Partnerschaft, Kinder etc. Notieren Sie in den so entstandenen Rubriken in Stichpunkten die wichtigsten positiven Ereignisse der entsprechenden Lebensphase. Denken Sie daran, ein Stück unbeschrifteten Streifen übrig zu lassen für die Lebensphasen, die noch vor Ihnen liegen.

Diese Übung zeigt Ihnen, wie der Fluss Ihres Lebens bisher verlaufen ist. Sie zeigt Ihnen auch, was Ihnen im Laufe Ihres bisherigen Lebens alles geschenkt wurde.

„Mensch, geh nur in dich selbst. Denn nach dem Stein der Weisen darf man nicht allererst in fremde Länder reisen."

ANGELUS SILESIUS

Zeit, die bleibt

Im fortgeschrittenen Alter oder bei schwerer Krankheit steht man manchmal vor der Entscheidung: Was tun mit der Zeit, die mir bleibt? In der ersten Phase mag die Verzweiflung dominieren, aber sie darf nicht die ganze restliche Zeit bestimmen.

Ich habe Menschen erlebt, die sich eine Liste machten, auf der sie alle Dinge notierten, die sie noch tun wollten. Dann merkten sie, dass es unmöglich sein würde, alles umzusetzen, und begannen zu streichen.

In solchen Momenten wird einem klar, was einem für das eigene Leben wertvoll und was entbehrlich ist. Und es steht einem ganz deutlich vor Augen, wie kostbar die Zeit ist. Wenn jede Minute zählt, möchte man die Stunden nicht mehr mit Belanglosem verplempern. Und sie nicht mehr mit dem Run nach materiellen Gütern vergeuden. So wird eine zunächst bedrückende Zeit zu einer sehr fruchtbaren, denn man beginnt, sich auf das Wesentliche zu konzentrieren.

Die Frage, was im Leben wirklich zählt, sollte man sich aber nicht nur am Ende des Tages stellen, sondern immer wieder einmal im Verlauf des Lebens. Um gut gerüstet durchs Leben zu gehen, bedarf es eines Kanons an Grundwerten. Mit einem solchen Wertebewusstsein ausgestattet, hat man die Chance, sein Leben zur Zufriedenheit gestalten zu können.

„Jene, die sich von der Liebe zu den irdischen Gütern, von der Begierde nach Vergnügen und von ihrem eigenen Willen loslösen, werden Kinder Gottes, die sich einer vollkommenen Freiheit erfreuen."

LOUISE DE MARILLAC

Wie man zum Meister der Zeit werden kann

„Früh übt sich, was ein Meister werden will", schrieb Friedrich Schiller. Wir werden nur durch Übung zum Meister der Zeit. Eine wichtige Trainingseinheit sehe ich darin, dass ich immer wieder innehalte, um im Innern Halt zu finden. Der zweite Schritt besteht darin, dass ich mir vorsage: Jetzt ist nichts wichtiger als dieser Moment. Ich versuche dann, ganz im Augenblick zu sein, nicht schon an den nächsten Termin zu denken. Der dritte Schritt: Ich begrenze meine Zeit für die anstehende Tätigkeit.

Wenn ich mir eine Grenze setze, dann kann ich mich intensiver auf diese Zeit konzentrieren. Die selbst gezogene Grenze setzt mich nicht unter Druck. Sie ist vielmehr der Rahmen, in dem ich mich auf dieses Gespräch, auf diese Arbeit einlasse. Eine andere Übung besteht für mich darin, dass ich immer wieder einmal meine Schritte verlangsame. Manchmal merke ich, dass ich zu schnell von einem Termin zum andern gehe. Dann sage ich mir vor: Langsam. Du kommst genauso schnell ans Ziel. Wenn ich langsam gehe, genieße ich die Zeit des Gehens. Wenn ich hetze, ist der Weg zum nächsten Termin verlorene Zeit. Ich bin nicht immer ein Meister der Zeit. Ich muss immer wieder trainieren, um zu dieser Meisterschaft zu gelangen. Unser Leben lang geht es darum, die Zeit wahrzunehmen, sie als geschenkte Zeit zu empfinden, in der uns das Ewige schon berührt.

„Je **schneller** ihr lauft, desto weiter kommt ihr vom Weg ab."

AAK VON STELLA

Zeit für andere

„Es ist nicht gut, dass der Mensch allein sei", heißt es in der Bibel. Wenn mehrere Menschen sich mit ihren Erfahrungen und Ideen austauschen, kann Neues entstehen. Austausch mit anderen ist wichtig als Korrektiv, als Motivation, als Inspiration.

Die Lebenserfahrung zeigt, dass im Dialog, auch im Darlegen konträrer Positionen, neue Erkenntnisse gewonnen werden. Voraussetzung ist die Bereitschaft, sich auf andere einzulassen. Wenn dann etwas Stimmiges herauskommt, ist jeder begeistert.

Diese Erfahrung macht man nur, wenn man sich für andere Menschen Zeit nimmt. Wenn man bereit ist, dafür auch einmal zur Seite zu treten und den anderen in den Mittelpunkt zu stellen.

Menschen, die nur um sich selbst kreisen, vereinsamen und verbittern. Anderen Zeit zu widmen, ist dagegen sehr befruchtend. Denn dies ist keine Einbahnstraße. Man gibt einerseits, gewinnt aber auch viel für sich selbst: neue Einsichten, andere Erfahrungen, zusätzliche Erkenntnisse. Deshalb ist die Zeit, die man sich für andere nimmt, keine verlorene Zeit, sondern ein Gewinn.

„Klein ist der Mensch, der Vergängliches
sucht, groß aber, wer das Ewige im Sinn hat."

ANTONIUS VON PADUA

Zeit für das, was mir wichtig ist

Was ist mir wichtig? Dies ist die Kernfrage im Leben. Welche Dinge sind es mir wert, meine Lebenszeit in sie zu investieren? Diese(n) Fragen muss sich jeder Mensch regelmäßig in seinem Leben stellen. Dafür benötigt man Zeit zum Innehalten, Nachdenken, zum Rückblick auf das, was hinter einem liegt.

Schenken Sie sich daher immer wieder diese Zeit.

Führen Sie ein Tagebuch des Danks und notieren Sie sich jeden Abend, welche schönen Dinge Ihnen tagsüber begegnet sind. Ein trockener Unterstand bei heftigem Regen beispielsweise, fünf Minuten in der Sonne, Ihr Lieblingslied im Radio.

Sie werden im Laufe der Zeit immer aufmerksamer diejenigen Dinge wahrnehmen, die Ihnen täglich geschenkt werden, und können diese Notizen zur Hand nehmen, wenn es Ihnen mal nicht so gut gehen sollte.

Halten Sie Rückblick auf die vergangenen Monate. Richten Sie den Fokus auf das, was Ihnen im Leben gelungen ist. Zeichnen Sie auf, welche Schwerpunkte die letzten Zeitphasen bestimmt haben. War es gut so? Haben Sie Ihre Zeit in die Dinge investiert, die Ihnen wirklich wichtig sind? Wer seine Werte immer wieder in den Blick nimmt und sie zu leben versucht, wird allmählich zum Meister seiner Zeit und die Zeit als Geschenk wahrnehmen.

„Aus der Zeit möchtet ihr einen **Fluss** machen, von dessen
Ufer aus ihr in Muße dessen Strömen betrachten könnt."

KHALIL GILBRAN

Dr. Petra Altmann

studierte Kommunikationswissenschaften, Kunstgeschichte und Soziologie. Sie war viele Jahre in Führungspositionen in Buchverlagen tätig und arbeitet heute als freie Journalistin und Buchautorin. Schwerpunktmäßig beschäftigt sie sich seit Langem mit klösterlichen Traditionen und gesellschaftlichen Werten. Dazu liegen inzwischen rund 30 Buchveröffentlichungen von ihr vor.

Dr. Petra Altmann absolvierte eine Ausbildung in Logotherapie & Existenzanalyse nach Viktor Frankl. Zudem ist sie ausgebildet in Biografiearbeit.

2010 wurde sie als erste Nicht-Italienerin mit dem Frauen-Award „Premio Donne Eccellenti" ausgezeichnet.

Weitere Informationen unter
www.dr-petra-altmann.de

Bücher von Petra Altmann zu diesem Themenbereich
(Auswahl):

Vom Wert der Werte, Gnadenthal 2010

101 Fragen — Orden und Klosterleben, München 2011

Achtsam, ruhig und gelassen — ein erfülltes Leben führen, Asslar 2012

Das Glück der Stille, München 2014

Stadtplan für ein gutes Leben, Freiburg 2019

Oasen für jeden Tag, Kevelaer 2022

Das Leben wertschätzen, Kevelaer 2022

Pater Dr. Anselm Grün

trat 1964 in den Benediktinerorden ein. Er studierte Philosophie, katholische Theologie und Betriebswirtschaftslehre. Von 1977 bis 2013 war er wirtschaftlicher Leiter des Klosters Münsterschwarzach. Er ist Referent zu spirituellen Themen, wirkt als geistlicher Begleiter und Kursleiter für Meditation, Fasten, Kontemplation und tiefenpsychologische Auslegung von Träumen. Er ist der weltweit populärste christliche Autor unserer Tage. Seine Bücher haben Millionenauflagen erreicht und wurden in mehr als 30 Sprachen übersetzt.

Weitere Informationen unter
www.anselm-gruen.de

Bücher von Anselm Grün zu diesem Themenbereich (Auswahl):

Herzensruhe. Im Einklang mit sich selber sein, Freiburg 2000

Das kleine Buch der Lebenslust, Freiburg 2009

Jeder Tag ein Weg zum Glück, Freiburg 2009

Die hohe Kunst des Älterwerdens, München 2010

Einfach leben. 365 Tagesimpulse, Freiburg 2012

Was der Seele gut tut, Freiburg 2014

Was im Alltag gut tut, Freiburg 2021

Im Wandel wachsen, Freiburg 2022

Vom Glück der Gelassenheit, Freiburg 2022

Textnachweis der folgenden Zitate: Pierre Stutz (S. 19): zitiert nach Petra Altmann: Weisheit aus der Stille. Verlag Herder, Freiburg im Breisgau 2011; Christian Schütz (S. 21 und 89): Gesegneter Alltag. EOS-Verlag, St. Ottilien 2003; Josef Bill (S. 51): Vom zärtlichen Menschen. Verlag Katholisches Bibelwerk, Stuttgart 1976; Thomas Merton (S. 59): Keiner ist eine Insel. Betrachtungen über die Liebe. Übersetzt von Annemarie von Puttkamer. Patmos-Verlag in der Schwabenverlag AG, Ostfildern 2005; Gertrud Link (S. 61): Mein Weg mit Gott. EOS-Verlag, St. Ottilien 1998; Joan Chittister (S. 93): zitiert nach Petra Altmann: Weisheit aus der Stille. Verlag Herder, Freiburg im Breisgau 2011; Phil Bosnans (S. 106): Mensch, ich hab dich gern. Verlag Herder, Freiburg im Breisgau 2010